문헌 속 무안 목우암

문헌 속 무안 목우암

최선일·고경·김정원 編 / 도해 譯

도서출판 온샘

문헌 속 무안 목우암을 펴내며

　전국적으로 천여 곳에 이르는 전통사찰 가운데 개별 사찰 문헌집이 간행된 사찰은 30여 곳에 불과하다. 이는 현실적으로 개별 사찰에서 문헌집을 출판하는 것이 쉽지 않은 것을 의미한다. 우선 임진왜란과 일제강점기, 한국전쟁 중에 사찰 관련 문헌기록이 많이 소실되었고, 한국전쟁으로 파괴된 사찰 내 전각 건립이나 불상과 불화 등의 성보물을 조성하는 것이 시급하여 문헌기록을 일일이 챙길 여력이 없었다고 보인다. 그러나 사찰 문헌은 역사를 밝히는 흔적으로 그 발자취를 찾아 가지 않으면 다음 세대에게 올바른 역사를 물려줄 수 없다고 생각한다.

　이에 사)동북아불교미술연구소에서는 개별 사찰의 문헌을 수집하고 정리해서 단행본을 간행할 계획을 수립하고, 개별 사찰에 보시하는 마음으로 단행본 간행을 도와달라는 의견을 몇 명의 연구자들에게 전했고, 도서출판 온샘 신학태 대표가 사찰 문헌집 108권 출판을 맡겠다고 하여 추진하게 되었다.

　이와 같은 인연으로 2017년 예산 금오산 향천사, 2020년 고성 연화산 옥천사, 2021년 마산포교당 정법사와 울진 불영사, 예산 수덕사, 2024년 고흥 송광암 등을 발간하였다. 이 사찰 문헌집은 많은 이들이 당장 찾지는 않겠지만, 시간이 지날수록 개별 사찰의 역사를 밝히려는 연구자들이나 성보문화재의 가치를 연구하는 연구자들에게 나침판 같은 역할을 할 것이라고 믿는다.

무안 목우암은 원나라 때 임천사臨川寺 승려 원명圓明이 바다를 건너와 풀을 엮어 암자를 만든 후, 그의 제자 500명이 이곳을 찾아 함께 도를 이루어 승려가 도를 이룬 산, 즉 '승달산僧達山'이라고 부른다"고 하였다. 이 외에도 당나라 개원開元 13년 서역 금지국金地國 승려 정명淨明이 개창했다는 설도 있다. 현재 목우암의 존재를 정확히 알 수 있는 문헌은 축성각 목조아미타여래좌상에서 발견된 조성발원문造成發願文으로, 1666년 5월 무안현務安縣의 법천사法泉寺 목우암牧牛庵에 조성했다는 내용을 통해 목우암이 17세기 중반에 운영되었음을 확인할 수 있다.

　　무안 목우암 문헌집을 간행하기 위해 많은 분들의 노고가 있었다. 문헌집 간행에 필요한 기획과 진행을 주도한 편자와 목우암 금장 주지스님 및 송광사 성보박물관 고경 관장스님, 그리고 번역을 담당해주신 여수 달마사 도해 주지스님의 정성스런 노력이 하나로 뭉쳐져 작은 결실을 맺게 된 것이다. 또한 출판비를 후원해 주신 경기도 무형유산 목조각장 한봉석 작가님의 넉넉한 마음에 감사를 전하고 싶다.

　　무안 목우암 문헌집을 부처님 앞에 올리면서 이 사찰을 지켰던 많은 스님들과 신자들의 공덕에 두 손 모아 합장을 드린다.

2025년 2월 10일

최 선 일

【목 차】

Ⅰ. 사진으로 보는 무안 목우암

도1. 목우암 전경 ©김규순 2024

도2. 해탈문(현재 요사채로 재건) ©목우암 1991

도3. 인법당 전면 ⓒ목우암 1997

도4. 인법당 측면 ⓒ목우암 1997

도5. 축성각 ⓒ목우암 1997

도6. 목욕당 ⓒ목우암 1997

도7. 극락보전 측면 ©최선일 2024

도8. 목우암 전경 ©최선일 2024

도9. 목우암 전경 ©최선일 2024

도10. 극락보전 전면 ⓒ최선일 2024

도11. 극락보전 측면 ⓒ최선일 2024

도12. 공양간 ⓒ최선일 2024

도13. 요사채 ⓒ최선일 2024

도14. 각심, 목조아미타여래삼존상, 1614년, 무안 목우암 ⓒ최선일 2024

도15. 목조아미타여래좌상 바닥 묵서 ⓒ최선일 2024

도16. 목조아미타여래좌상 ⓒ동북아불교미술연구소 2024

도17. 목조대세지보살입상
ⓒ동북아불교미술연구소 2024

도18. 목조관음보살입상
ⓒ동북아불교미술연구소 2024

도19. 목조아미타여래좌상 ©동북아불교미술연구소 2024

도20. 목조아난존자입상
©동북아불교미술연구소 2024

도21. 목조가섭존자입상(도난)
©목우암 1997

도22. 목조나한상 ⓒ동북아불교미술연구소 2024

도23. 목조나한상 ⓒ동북아불교미술연구소 2024

도24. 관하종인, 신중도, 1922 ⓒ최선일 2024

도25. 지장시왕도, 1972년 ⓒ최선일 2024

도26. 산신도, 1988년 ⓒ최선일
2024

도27. 독성도, 1988년 ⓒ최선일
2024

도28. 칠성도, 1988년 ©최선일 2024

도28-1. 칠성도 화기 ©최선일 2024

도29. 현왕도, 1990년 ⓒ최선일 2024

도30. 목패 ©최선일 2024　　　도31. 범종 ©최선일 2024

도32. 법고 ©최선일 2024

도33. 김천립, 석등, 1681년, 무안 목우암 ⓒ최선일 2024

도34. 나무아미타불 석각, 1926년 ⓒ최선일 2024

도35. 비구니활연공덕기념비, 1977년 ©최선일 2024

도36. 승탑원 ©최선일 2024

도37. 연담당탑(1720-1799)

도38. 자월당탑

도39. 안빈당탑   도40. 예봉당탑

도41. 맷돌 ©최선일 2024

II. 연혁

도1. 목우암 전경 ⓒ김규순 2024

　목우암牧牛庵은 전라남도 무안군 몽탄면 승달산僧達山의 북쪽 자락에 위치하고 있는 아담한 사찰로, 대한불교조계종 제22교구 본사 대흥사의 말사이다(도1). 중심 전각인 극락보전을 중심으로 북쪽 경사면 위에 축성각이 있으며, 동서로 창고와 요사채가 배치되어 있다.

　목우암은 전각이 많지 않은 작은 규모이지만 조선 후기 불교사 및 불교미술을 언급할 때 빠질 수 없는 소중한 문화유산이 보전되어 있다. 극락보전에 봉안 중인 목조아미타여래삼존상은 근래 제작연도와 조각승이 밝혀져 그 학술적 가치를 인정받아 2024년 국가지정문화재인 보물로 승격되었고, 축성각에는 전라남도 유형문화유산으로 지정된 목조아미타여래좌상과 함께 나한상과 장군상이 모셔져 있다. 그리고 극락보전 앞 마당에는 보기 드문 조선 후기 기년작(1681년) 석등이 있고, 사찰 입구 서쪽 능선에 18세기 호남의 화엄강백 연담유일 대사의 묘탑을 비롯한 석조부도가 전하고 있어 목우암의 역사성을 가늠케 한다.

목우암은 법천사法泉寺의 암자로 창건되어 성쇠盛衰를 함께 하기도 하였으며, 법천사가 폐사되었을 때는 그 명맥을 이어 법등法燈을 유지해 나갔다. 이러한 법천사와 목우암은 조선시대 간행된 각종 지리지와 고지도, 고승들의 행장과 현전하는 성보문화유산의 명문銘文 등을 통해 연혁을 살펴볼 수 있다.

승달산 법천사에 대한 가장 이른 기록은 1530년(중종25) 편찬된 『신증동국여지승람新增東國輿地勝覽』 권36 무안현務安縣 산천조山川條와 불우조佛宇條이다. 먼저 산천조에 "승달산은 현의 남쪽 이십리에 있는 진산鎭山이다. 원나라 때 임천사臨川寺 승려 원명圓明이 바다를 건너와 풀을 엮어 암자를 만든 후, 그 제자 500명이 이곳을 찾아 함께 도를 이루어 승려가 도를 이룬 산, 즉 '승달산僧達山'이라 부른다"고 하였다(도2).[1] 이어서 불우조에 승달산에 법천사와 총지사摠持寺가 있으며, 세상이 전하기를 법천사는 원명이 머물다 살았다고 적었다(도3).[2]

이를 통해 법천사는 원나라 때 임천사 승려 원명이 건너와 처음 암자를 만든 것에서 비롯되었고, 승달산 역시 그 제자들이 건너와 도를 이룬 것과 연관되어 있음을 알 수 있다.

다음으로 유형원柳馨遠이 1656년(효종7) 편찬한 『동국여지지東國輿地誌』에도 승달산과 법천사에 대한 설명이 수록되어 있는데 앞서 살펴본 『신증동국여지승람』과 대체로 유사하다(도4). 산천조에는 "승달산은 현의 남쪽 20리에 있는 진산이며, 세상이 전하기를 원 임천사 승 원명이 건너와 이 산

---

1 『新增東國輿地勝覽』卷36 務安縣 山川條. "僧達山在縣南二十里鎭山 世傳元時臨川寺僧圓明渡海而來 擇此山結草爲庵其徒在臨川者 五百人尋圓明而至共成達道 故仍號僧達山"

2 『新增東國輿地勝覽』卷36 務安縣 佛宇條. "法泉寺 在僧達山 世傳圓明所居 摠持寺在僧達山"

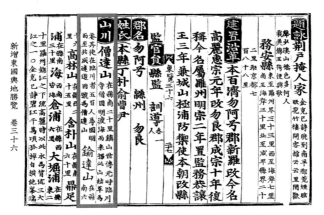

도2. 『신증동국여지승람』 무안현 산천조

도3. 『신증동국여지승람』 무안현 불우조

을 골라 풀을 엮고 암자를 만들자 그를 따르는 임천부의 제자 500명이 원명을 찾아와 함께 도를 이루어 승달산이라 부르게 되었다."고 하였다. 또, 사찰 조에서는 "법천사는 승달산에 있으며 세상이 전하기를 원나라 승려 원명이 거주하였다."고 적고 있다.[3]

---

3 『東國輿地誌』 卷5 務安縣 山川條. "僧達山在縣南二十里鎭山 世傳元時臨川寺僧圓 明渡海而來 擇此山結草爲庵其徒在臨川者 五百人尋圓明而至共成達道 因號爲僧達

이상에서 『신증동국여지승람』과 『동국여지지』가 간행되었던 16-17세기까지 법천사는 사세의 큰 변동 없이 유지되고 있었고, 원나라 승려 원명이 전각과 암자를 짓고 살았던 것이 창건 연기임이 확인된다.

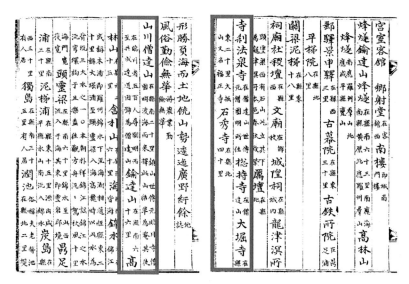

도4. 『동국여지지』 무안현 산천조 및 불우조

그런데 18세기 이후 편찬된 지리시에는 법천사와 창건에 대해 다른 이야기가 전해진다. 1760년(영조36) 간행된 『여지도서輿地圖書』 사찰조를 보면 "법천사는 현의 남쪽 20리 승달산 아래에 있으며, 당나라 개원開元 13년 서역 금지국金地國 승려 정명淨明이 개창했다. 남송 고종 소흥紹興 연간에 임천부臨川付 승려 원명圓明이 중창했다."고 하였다.[4] 즉 법천사를 당 개원 13

山";『東國輿地誌』卷5 務安縣 寺刹條. "法泉寺 在僧達山 世傳元僧圓明所住 揔持寺 在僧達山"

4 『輿地圖書』下 全羅道 務安縣 寺刹條. "法泉寺 在縣南二十里 僧達山下 唐開元十三年西域金地國 僧淨明始創 南宋高宗紹興年間 臨川付僧圓明重創"

년인 725년(성덕왕24)에 서역의 금지국이란 나라에서 건너온 승려 정명이 초장한 것으로 시기를 올려서 서술하고 있다. 더욱이 『신증동국여지승람』과 『동국여지지』에 언급된 원명을 중창주로 명시하고, 원이 아닌 남송 출신의 승려로 소개하고 있다. 산천조에도 승달산의 유래는 위에서 살펴본 문헌과 거의 유사하지만, "송나라 때 임천사 승려 원명이 바다를 건너 이 산을 선택하여 풀을 엮어 암자를 지었다."라고 원명을 송나라 때 인물로 서술하고 있다.5 이후 대부분 지리지 기록은 『여지도서』를 따르고 있다. 18세기 중후반에 간행된 『가람고伽藍考』와 『범우고梵宇攷』에도 법천사를 당 개원 13년에 서역 금지국 승려 정명이 개창하고, 남송 고종 소흥연간 임천부 승 원명이 중창한 것으로 기록하였다.[6] 그러나 이를 뒷받침할 만한 문헌이나 사료는 전하지 않아 사실 관계는 확인이 어렵다.

19세기 중반 김정호가 편찬한 『대동지지大東地志』와 1895년 간행된 『호남읍지湖南邑誌』에는 승달산에 법천사와 총지사가 있다고만 언급되어 있을 뿐 개창과 중창 등 연혁에 관한 내용은 없다.

20세기 들어 법천사 관련 기록은 1909년 작성된 『사찰고寺刹考』에서 찾아볼 수 있다. 승달산에 소재하였으며, 관리자는 침봉枕峯, 보시普施하여 유지하고 있으며, 비구 7인이 거주하고 있다고 하였다.

이상에서 정리한 법천사의 연혁과 별개로 목우암이 역사 기록에 등장하는 시기는 조선 후기이다. 목우암이 등장하는 최초의 기록자료는 현재 축성각에 봉안 중인 목조아미타여래좌상의 조성발원문造成發願文이다(도5). 조성발원문은 습도와 해충으로 인해 많은 부분 훼손되었지만, 제작시기와 장소, 장인 등 다양한 정보가 수록되어 있다.[7]

5　『興地圖書』下 全羅道 務安縣 山川條. "僧達山自淵澄山來爲法泉寺 主脉在縣南二十里 世傳宋時臨川寺僧圓明渡海而來 擇此山結草爲庵其徒在臨川者 五百人尋圓明而至共成達道 故仍號僧達山"

6　『伽藍考』全羅道 務安; 『梵宇攷』全羅道 務安

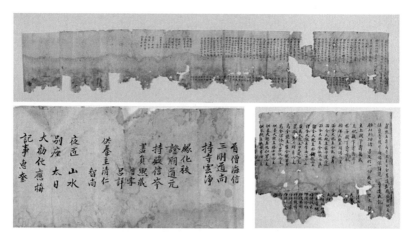

도5. 목우암 축성각 목조아미타여래좌상 조성기 ©동북아불교미술연구소

조성발원문에는 목조아미타여래좌상은 강희 5년인 1666년 5월, 전라
도全羅道 무안현務安縣의 법천사法泉寺 목우암牧牛庵에서 조성하였다고 적시하
였다. 아울러 왕실의 안녕을 비는 축원을 비롯하여 50명이 넘는 승려 및
재가신도의 시주질 명단도 기록하였다.

조성발원문 말미에 적은 불상을 제작한 화원畫員, 즉 조각승은 희장熙藏,
신학信學, 여상呂祥 3명이다. 맨 앞에 이름을 올린 수화승 희장은 17세기 중
반을 대표하는 조각승이며, 경상도와 전라도 유력 사찰에 많은 작품이 남
아있다.[8] 희장은 1636년 제천 경은사 목조문수보살좌상을 비롯하여 1639
년 하동 쌍계사 목조석가여래칠존상, 1643년 대구 달성 용연사 목조지장
보살삼존상과 시왕상 등, 1646년 구례 천은사 수도암 목조아미타여래좌

---

7   康熙五年丙午五月日全羅右道務安縣地南嶺□法泉寺牧牛庵佛像彌陁一尊造成記…
    (후략). 무안 목우암 목조아미타여래좌상 복장 조성기 전체는 본 보고서 기록자료
    에 수록하였다. 복장 조성기는 순천 송광사 성보박물관장 고경 스님께서 2017년
    10월 9일과 2021년 6월 12일 두 차례 조사한 것이다.

8   최선일, 『朝鮮後期僧匠人名辭典-佛教彫塑』, 양사재, 2007, pp. 221-222.

상과 목조대세지보살좌상, 1649년 구미 수다사 목조아미타여래삼존좌상, 1650년 진안 금당사 목조아미타여래삼존좌상, 1653년 고흥 불대사 목조 아미타여래좌상과 목조약사여래좌상, 1654년 경산 반룡사 목조석가여래 삼존좌상(미륵보살은 청도 대운암 봉안)을 조성하고, 1658년 부산 선암사 목조 아미타여래좌상 중수하였으며, 1661년 부산 범어사 목조석가여래삼존좌 상, 1665년 진도 쌍계사 목조석가여래삼존좌상, 1666년 진도 쌍계사 목조 지장보살좌상, 1667년 영광 연흥사 목조석가여래삼불좌상을 조성하였다. 따라서 이 조성발원문을 통하여 희장이 1666년 목우암 목조아미타여래좌 상 1구를 조성하였음을 확인할 수 있으며, 17세 중반 목우암이 존재했다 는 사실도 파악할 수 있다.

목우암은 『동사열전東師列傳』에 고승들과의 인연이 자주 언급되는데 이를 통해 19세기에도 법등은 꾸준히 이어지고 있음이 확인된다. 뒤에서 자세하 게 살펴보겠지만 19세기 말 고승인 자운천우는 목우암을 중수하였고, 천봉 세영은 백양사에 있다가 목우암 낙성식에 초청받아 갔다는 기록이 전해진다.

20세기 들어서는 사정이 좋지 못하였는지 허물어져 가는 목우암을 민 영채閔永采가 다시 중수하고, 이를 조력하기 위해 김성규金星圭(1863-1936)가 모연募緣하기 위해 남긴 기록이 전한다. 1901년 감리 겸 부윤을 맡아 무안 에 온 민영채는 목우암이 퇴락한 것을 아쉬워하며 군수로 있는 사촌 민영 학閔永學과 함께 중수하고 「축성각기祝聖閣記」를 남겼다.[9] 그러나 민영채가 불사를 다 마치지 못하고 벼슬이 바뀌어 돌아가게 되자 남은 승려들이 빚 을 떠안게 되었다. 이에 무안항 감리監理 김성규가 장성에서 무안으로 돌 아가는 길에 목우암에 들려 하룻밤을 지내고 딱한 사정을 듣게 되었다.[10]

---

9 권상로 편, 「축성각기」, 『한국사찰전서』, 동국대학교출판부, 1979.

10 김성규는 6대 무안감리로 1903년 3월 16일(양력, 음 2월 18일) 임명을 받았다. "정3품(正三品) 김성규(金星圭)를 무안 감리(務安監理)에 임용하고 주임관(奏任官) 6등에 서임(敍任)하였다."는 고종실록의 내용을 통해 알 수 있다. 1903년 3월 20일

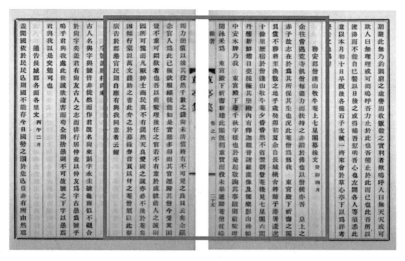

도6. 김성규, 「무안군승달산목우암상칠성각모연문」, 『초정집』

이에 김성규는 「무안군승달산목우암상칠성각모연문務安郡僧達山牧牛菴上七星閣募緣文」을 지어 이를 돕고자 하였다(도6).[11]

(양력, 음 2월 22일)에는 "겸임 무안항재판소 판사(兼任務安港裁判所判事)"로 임용되었다(『승정원일기』). 1903년 10월 26일[양 12.14] 면직되고 11월 3일[양 12.21]에는 겸임 무안항재판소 판사도 면직된다. 무안 감리 재임 때는 지역민들에게 강한 인상을 남겼다. 다른 관리들이 일본 눈치 보기에 급급했던 상황임에도 주체적 신념을 가지고 조선인의 입장을 옹호하는 정책을 폈다. 이러한 상황이 『무안보첩』 기록에 잘 남아 있다. 특히 1903년 일본 상인들의 횡포에 대한 조선인 부두노동자들의 노동쟁의 때 일본 낭인들이 감리서에 난입하여 갖은 행패를 부린 큰 사건이 발생하였으나, 이때도 일본의 압력에 굴하지 않고 끝까지 단호하게 조선 노동자들 편에 서서 조선인의 이익을 옹호하는 자주적인 태도를 보였다(김희태, 「무안 감리 김성규(金星圭), 근대화의 여명을 열다」, 무안 인문학 아카데미 제14차 강의(무안 문화원/문화체육관광부, 한국출판문화산업진흥원, 2020.09.15)

11 金星圭, 「務安郡僧達山牧牛菴上七星閣募緣文」, 『草亭集』卷1, 1937; 『국역 초정집(草亭集)1』(金星圭, 1863~1936), 김형만 역주, 목포문화원, 이 시문집에는 「牛菴題襟韻十二首」, 「寄題務安港監理署壁上」과 같은 목우암 관련 시문이 다수 수록되어

한편, 일제강점기에 편찬된 『무안군지務安郡誌』(1922년), 『속수면성지續修綿城誌』(1925년), 『조선환여승람朝鮮寰輿勝覽』(1933-1935년)에는 위의 기록들이 뒤섞여 서술되어 있다.[12] 특히, 『여지도서』 이후 법천사 창건주로 언급되었던 정명을 총지사의 개창주로 기록하였다. 또, 법천사는 당시 이미 폐사되었다고 하였다. 이어서 목우암에 대하여 설명하였는데 위에서 살펴본 기록들이 혼재되어 있어 신빙성이 떨어진다. 즉, 목우암을 당 개원開元 연간 임천사 승려 원명이 지었다고 하였는데, 이는 초창 시기인 '당 개원연간'과 중창주인 '임천사 승려 원명'을 혼재하여 서술한 것으로 명백한 오류이다. 따라서 이때는 구전되어 오는 이야기가 뒤섞여 군지郡誌에 포함된 것으로 여겨진다. 아무튼 19세기 말에서 일제강점기 사이 법천사가 폐사되고 목우암이 법등을 이어가고 있는 것을 확인할 수 있다.

일제강점기 목우암 관련 자료는 다수 확인된다. 먼저 1922년 4월에 신중도를 새롭게 조성하고 법당에 봉안하였다. 화주는 당시 주지 침봉준익枕峯俊益이며, 금어金魚는 관하종인觀河宗仁, 정순正淳이 맡았다. 주지 침봉준

있다.

12 『務安郡誌』, 1922. "寺刹 條摠知寺淵澄西幹朱超文殊爲白雲山唐開元間僧淨明渡東卓錫於此創立法宇高麗顯宗丙午災移建山下結構精其西頂有圓通菴今廢 法泉寺 ( )歷見下寺旣廢 孝子丁丙愚就其遺址結草爲願寺超度其親 牧牛庵 僧達山中有洞府軒谿敏明唐開元中臨川寺僧圓明東來結草爲庵夢有牛自摠知寺止於菴覺而異之踵而尋牛跡斑斑焉印于磧磵因名其菴今神迹牛跡之洞是也其五百人尋圓明而至於是創法泉容其衆"; 續修綿城誌』, 1925. "牧牛庵 在僧達山(按)開元間唐臨泉寺僧圓明渡海而來結草爲庵扁曰牧牛其勝狀稱以南州眉目諺傳結庵時夢有牛自摠寺止於庵及覺異而尋之牛跡完然印于磧磵故因名云云今之神跡牛迹洞是也法泉寺 在牧牛菴越嶺南(按) 唐臨泉寺僧圓明徒五百尋圓明而至遂創此寺以容其徒共成達道云云去丙申年間頹圯癸丑羅…州人孝子丁丙愚就其址而重建唐高宗賓天設位而以續服北望哭泣哀慽動人焉" : 『朝鮮寰輿勝覽』, 1933-1935. 務安縣 寺刹條 摠持寺 在白雲山 唐開元年間 僧淨明東渡創設 牧牛菴 在僧達山唐開元間臨川寺僧圓明渡海而來結草爲庵 法泉寺 在牧牛菴越嶺南唐臨川寺僧徒五百尋圓明而來建

익은 속성이 박씨朴氏로, 1926년 목우암 관련 시를 모아 석각石刻을 한 것이 전해진다. 이후 목우암은 1926년 건립된 〈백암산백양사기적비白巖山白羊寺紀蹟碑〉 후면에 시주 사찰로도 이름을 올리고 있어 사세가 나쁘지 않았다는 것을 알 수 있다.

일제는 조선의 불교를 억압하고 말살하기 위해 1911년 사찰령을 제정하였고, 1924년 시행규칙을 개정하면서 사찰에 소장되어 있는 귀중품, 즉 재산목록을 꼼꼼하게 다시 정리하였다. 이 내용이 조선총독부 관보에 실렸으며, 목우암 귀중품도 1932년 6월 20일 관보 제1634호(7면)에 게재되었다(도7).

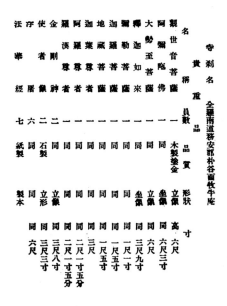

도7. 「조선총독부관보」 제1634호
목우암 귀중품

관보에 수록된 귀중품 목록을 살펴보면, 아미타불을 비롯하여 불·보살상이 7구, 가섭존자를 비롯한 나한상이 3구, 금강신金剛神 1구, 사자상使者像, 부도 6기, 법화경 7권을 소장하고 있는 것으로 기록하였다. 여기서 관세음보살, 아미타불, 대세지보살은 높이[高]가 6척尺 이상인데, 이는 현재 법당에 봉안 중인 목조아미타여래삼존상을 가리키는 것으로 보인다. 그리고 석가여래는 현재 축성각에 봉안 중인 목조아미타여래좌상으로 추정된다. 부도는 6기로 기록이 남아있지만, 현재는 4기만이 온전하게 전해진다. 이 기록은 1930년대 목우암의 사세를 짐작해 볼 수 있는 귀중한 자료로 가치가 있다. 관보의 내용을 표로 정리하면 다음과 같다(표1).

표1. 寺刹名 – 全羅南道 務安郡 朴谷面 牧牛庵 貴重品

名稱	員數	品質	形狀	寸法
觀世音菩薩	1	木製塗金	立像	高 6尺
阿彌陀佛	1	同	坐像	同 6尺3寸
大勢至菩薩	1	同	立像	同 6尺
釋迦如來	1	同	坐像	同 3尺9寸
彌勒菩薩	1	同	同	同 1尺1寸
迦羅菩薩	1	同	同	同 1尺5寸
地藏菩薩	1	同	同	同 1尺5寸
迦葉尊者	1	同	同	同 3尺
羅漢尊者	1	同	同	同 2尺1寸5分
羅漢尊者	1	同	同	同 2尺1寸5分
金剛神	2	同	立像	同 3尺8寸
使者像	2	石製	立形	同 3尺3寸
浮屠	6	同	同	同 6尺
法華經	7	紙製	製本	

또 조선총독부관보에는 사찰 주지 취직 또는 재임, 만료 등의 내용도 모두 수록되어 있어 참고가 된다. 목우암도 1912년부터 1942년까지 주지 소임을 맡은 스님 총 4명을 찾아볼 수 있다(표2).

표2. 조선총독부 관보 수록 목우암 주지(1912-1945년)

주지	기간	관보 호수와 날짜	소재
金仁誠	1912.11.06.	관보 제95호 (1912.11.22) 취직	목포부 이로면
	1915.11.05	관보 제1336호 (1917.01.20) 만료	무안군 박곡면[13]
朴枕峰	1916.12.20.	관보 제1336호 (1917.01.20) 취직	무안군 박곡면
	1920.09.06.	관보 제2459호 (1920.10.21) 만료.재임	무안군 박곡면
	1927.07.09	관보 제1468호 (1931.10.27) 만료	무안군 박곡면
洪箕浹	1931.09.25	관보 제1468호 (1931.10.27) 취직	무안군 박곡면
	1934.09.24.	관보 제2986호 (1936.12.26) 만료	무안군 석곡면
	1936.11.21.	관보 제2986호 (1936.12.26) 재임	무안군 석곡면
	1939.11.20.	관보 제4228호 (1941.02.27) 만료	무안군 석곡면
	1941.01.25.	관보 제4228호 (1941.02.27) 재임	무안군 석곡면
	1942.01.24	관보 제5330호 (1944.11.09) 만료	무안군 석곡면
楊山長守	1942.08.24	관보 제5330호 (1944.11.09) 취직	무안군 석곡면

이 중 두 번째 주지를 맡은 박침봉朴枕峰과 세 번째 주지를 역임한 홍기협洪箕浹은 목포와 무안 소재 원갑사圓甲寺, 노만사露滿寺 등 이 지역에서 활발하게 활동하였다. 박침봉은 1908년 무안 원갑사의 독성도를 조성할 때 화주 소임을 시작으로, 1912년 역시 무안 원갑사 신중도와 칠성도를 제작

---

13 朴谷面은 1932년에 石津面과 합해 石谷面이라고 하다가 1939년 夢灘面으로 개칭하였다.

할 때 도감을 맡았다. 1920년 2월 조성된 목포포교당 반야사 독성도 화기에 주지로 기록되어 있으며, 앞서 살펴본 1922년 화주 소임을 맡아 목우암 신중도를 조성하였다. 1947년에도 주지로 있으면서 목우암 독성도를 제작하였는데, 현재 이 불화는 목포 반야사 칠성각에 봉안 중이다. 홍기협은 1947년 목포 광명사 칠성도 조성을 주관하였다.

도8. 연담당 부도 ⓒ최선일

앞서 간략하게 언급하였듯이 법천사와 목우암은 고승들의 출가처나 기도처로 자주 언급되었다. 먼저 연담 유일蓮潭有一(1720-1799)은 18세기 교학과 문장의 최고로 손꼽히는 고승이다(도8). 연담 대사는 화순에서 출생하여 18세가 되던 1738년 법천사 성철性哲 스님에게 출가하였다. 이후 연담 대사는 해인사 호암虎巖 화상을 찾아가 심인心印을 전수받고, 당시 10대 법사들을 뵙고 교리를 배워 통달하였고, 화엄경 강주講主가 되어 30년 동안 15차례나 강론법회를 열었다. 대사는 1799년 입적하였고, 문도들이 부도를 대둔사, 미황사, 법천사에 각각 세웠다고 기록되어 있는데, 법천사 부도는 현재 목우암 입구 부도전에 있다.[14]

화담영원華潭靈源(1776-1849)은 무안 중화리 출생이며, 어려서 승달산 법천사에서 출가하였다. 화담대사는 완호玩虎 법사의 법을 이어 두륜산에 머물면서 20여 년 동안 전국에서 몰려드는 학인들을 가르쳤다. 대사의 제자가 법천사에도 있고 대둔사에도 있어 대사와 법천사의 인연이 깊다는 것

---

14 梵海 覺岸,「蓮潭宗師傳」,『東師列傳』, 1894.

을 알 수 있다.[15]

회산보혜晦山普慧(생몰년 미상)는 동래 금정산 범어사 인근 마을에서 태어나, 유년 시절 범어사에서 낙발을 하고 계를 받았다. 이후 전국 유명한 강론 자리를 찾아다니며 공부하고, 법천사의 학능 스님과 함께 일봉암 인곡선사의 가르침을 받아 화엄을 공부하였다. 법천사 학능 스님은 위에서 언급한 화담 대사의 제자로 언급되어 있는 승려이다.

자운천우慈雲天祐(1817-?)는 영암에서 출생하였고 월출산에 들어가 머리를 깎고 계를 받았다. 자운선사는 사찰의 퇴락을 차마 보지 못하여 힘써 불사를 일으킨 것으로 유명하다. 장성 하청사, 함평 용천사, 영광 불갑사 해불암 그리고 무안 법천사에 머물면서 낡은 건물을 복구하고 불사의 재를 올렸다. 범해 각안 스님이 『동사열전』을 저술한 1894년 당시 목우암에 머물렀다고 기록되어 있어 말년을 목우암에 주석한 사실을 알 수 있다.

청봉세영淸峯世英(1855-?)도 영암 출신이며, 두륜산으로 출가하여 스님이 되었다. 청봉 대사는 대둔사, 미황사, 정토사, 보림사, 구암사 등에서 선사들로부터 경학을 배우고, 가지산, 만덕산, 보리산 등에 주석하였다. 대사는 1893년 승달산 목우암 낙성식 초청에 응했다고 하는데, 자운 천우가 법천사를 복구할 때 목우암도 같이 중수하면서 낙성식에 여러 대사들을 초청한 것으로 보인다. 청봉 대사는 산문 밖에 동학이 난리를 일으키고 서양천주교인들이 사회를 혼란하게 한다고 하여 목우암 축성각에서 나라의 안녕을 위해 기도를 올렸다고 한다.

승달산 법천사와 목우암은 18-19세기 집중적으로 간행된 지도에서도 찾아볼 수 있다. 먼저 18세기 중반 편찬된 〈해동지도〉를 살펴보면 현의 남쪽 승달산 자락에 법천사가 있는 것이 확인된다(도9). 비슷한 시기에 간행된 〈비변사인방안지도〉에도 현 남쪽 승달산에 법천사가 그려져 있다.

---

15 梵海 覺岸, 「華潭講師傳」, 앞의 책, 1894.

주기에 '법천사재이노法泉寺在二老'라 하여 당시 법천사가 속해있던 지명을
알 수 있다(도10).

도9. 〈해동지도〉 무안현 승달산 법천사 세부

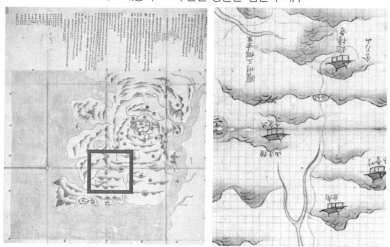

도10. 〈비변사인방안지도〉 무안현 승달산 법천사 세부

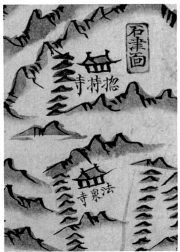

도11. 〈여지도〉 무안현 승달산 법천사 세부

도12. 〈광여도〉 무안현 승달산 법천사 세부

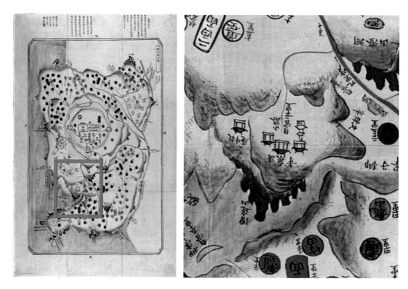

도13. 〈1872년 지방지도〉 무안현 승달산 법천사 및 목우암 세부

〈여지도〉와 〈광여도〉 또한 이노부면二老府面에 법천사가 있음이 확인된다(도11-12). 목우암은 〈1872년 지방지도〉에서 처음 찾아볼 수 있고, 승달산에 법천사와 함께 그려져 있다(도13).

해방 이후에도 목우암은 스님과 신도들이 불화 조성이나 공덕비 건립 등을 통하여 역사를 이어갔다. 1972년에는 무안과 목포 신도 20여 명이 시주를 하여 지장시왕도를 조성하였고, 1977년에는 비구니 활연 스님을 위해 공덕기념비를 건립하였다. 1986년에 샘물터 공사에 시주한 신도들을 위해 표지판을 세웠고, 1988년에는 주지 김성원金性圓 스님이 축성각에 봉안할 독성도, 칠성도, 산신도를 조성하였다. 2년 뒤인 1990년에는 조왕도와 영산회상도를 각각 제작하였다.

〈표 3〉은 이상에서 살펴본 법천사와 목우암 연혁을 정리한 것이다.

표3. 목우암 연혁

연 도	내 용
725	금지국 승려 정명이 초창
소흥 연간 (1131 - 1162)	임천사 승려 원명이 중창
1614	목조아미타여래삼존좌상 조성
1666	목조아미타여래좌상 조성
1681	석등 조성
1735	현판 조성
1738	연담유일 법천사에서 출가
1799경	연담당탑 조성
1901	민영채 축성각 중수 및 「축성각기」 지음
1903	김성규 「무안군승달산목우암칠성각모연문」 지음
1909	사찰고에 법천사 수록
1922	신중도 조성
1926	나무아미타불 석각 조성
1932	목우암 귀중품 관보 수록
1972	지장시왕도 조성
	석가모니후불도 조성
	비구니활연공덕기념비 조성
1984.2	법천사 목우암이 전라남도 문화유산자료 지정
1988	목우암 샘물터 공사 시주 표지판 제작
1988	독성도 조성
1988	칠성도 조성
1988	산신도 조성
1990	조왕도 조성
1990	석가모니후불도 조성
2022.11	축성각 목조아미타여래좌상이 도 유형문화유산 지정
2024.6	극락보전 목조아미타여래삼존상이 보물 지정

Ⅲ. 17세기

1. 목조아미타여래좌상 조성묵서(1614년 2월)

萬曆四十一年甲寅[1]二月日
西方大教主阿弥陁佛觀音大勢至
兩大卄卄[2]造成
　　證明雨峰　　持殿悅禅
　　畫負覚心　　飯頭彦岑
　　畫負應元　　熟頭智泅
　　　就綱　大化主窮進
　　　徳玄　　　　助緣
　　　敬倫
　　　印均
　　　離幻　　　　助緣
　　　　成造堂中宝和
　　　　無筆硯折楊以書

1　萬曆四十一年甲寅 : 1614년. 萬曆은 明 神宗의 年號. 寅은 寅의 이체자.
2　卄卄 : 菩薩의 약자.

각심, 목조아미타여래삼존상, 1614년, 무안 목우암 ⓒ최선일

목조아미타여래좌상 바닥 조성묵서 ⓒ최선일

2. 목조아미타여래좌상 조성발원문(1666년 5월)

康熙五年丙午五月日全羅右道務安縣地南嶺□
法泉寺牧牛庵佛像彌陁一尊造成記
願以此功德 普及拎一切 我莕汝衆生 皆共成佛道

主上殿下壽萬歲	諸山大■■■■
王妃殿下壽齊年	大禅師■■■■
世子殿下壽千秋	大禅師■■■■
願佛大施主湖陽兩主	大■■■■■
面金大施主今花単身	大禅■■■■
面金大施主安斗暹兩主	大禅■■■
面金大施主金振鳴兩主	大禅師怕净
體金大施主朴伏龍兩主	本寺秩
	熙日
體金大施主李汝海兩主	禅德仅玄
腹蔵大施主白戒建兩主	禅德玲旭
裛布施主明月兩主	禅德勝鮮
烏金施主崔今龍単身	禅德敬憐
烏金保体金男仅兩主	禅德德宗
供養大施主朴士日兩主	禅德一全
供養大施主沈仁男兩主	禅德■■
供养施主成吉男兩主	禅■■■
■■保体丹香兩主	禅■■■
	禅■■■
■■施主宥学比丘	禅■■■

供■■体海信比丘　　　　□■■■

供養施主性旭比丘　　　　■■■■

供養施主崔信福両主　　　■■■■

末醬大施主一澄比丘　　　■■■■

喉靈桶施主金時暎両主　　■■■■

魚膠施主李伯武単身　　　■■■　□□

座臺施主崔古春両主　　　處談

黄金保体愛奉両主　　　　勝淳

引燈施主李汝海両主　　　覚明

引燈施主春代両主　　　　仅輝

燈燭施主三生両主　　　　仅学

引燈保体成仁己両主　　　恵連

引燈保体金種生両主　　　仅談

物鉄[3]施主金信發両主　　性能

　　　　　　　　　　　　性■

鉄物施主太日　比丘　　　勝■

材木大施主金太补両主　　□■

朱紅保体正月　両主　　　■■

布施施主申下敬両主　　　元■

布施主朴俊男両主　　　　清□

清密施主李談両主　　　　清仁

燈燭保体應俊比丘　　　　能仁

燈燭保体愛真両主　　　　仅俊

燈燭保体韓氏両主　　　　戒軒

3　物鉄：鉄物의 오기.

燈燭保体春成両主   性学
                                 智訓

布施施主尙祐比丘   禅仁
布施保体尙悟比丘   性修
鉄物保体靈卜比丘   尙允
腹蔵保体靈卜比丘   淨明
布施保体雲淨比丘   智崇
布施保体戒輪比丘   敬文
布施施主趙得珎両主   尙憐
                                 淨元

首僧海信   尙嚴
三剛道尙   雲鎧
持寺雲淨   一□
                                 雲湜

緣化秩   玉冏
                                 玉玲

證明道元   玉梅
持殿信岑   幸心
畫貟熙蔵   德珠
     信学   法浩
     呂詳   幸雲
供養主清仁
      智尙
夜匠[4] 山水

---

4 夜匠 : 冶匠의 오기.

別座　太日

大勸化應梅

記事惠奎

강희 5년 병오 5월 일

전라우도 무안현의 남쪽 고개 법천사 목우암 아미타불상 조성기

희장, 목조아미타여래좌상, 1666년, 무안 목우암 ©동북아불교미술연구소

목조아미타여래좌상 조성발원문 ⓒ동북아불교미술연구소

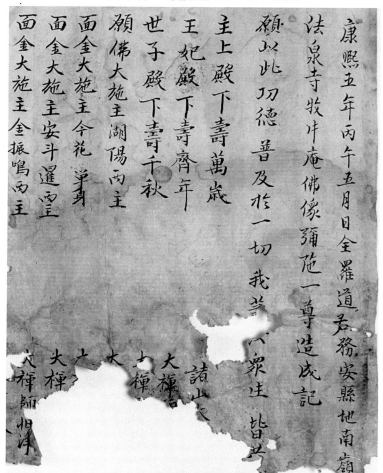

康熙五年丙午五月日全羅道茂安縣地南嶺
法泉寺牧牛庵佛像彌陁一尊造成記
願以此功德普及於一切我等八衆注皆共
世子殿下壽千秋
王妃殿下壽齊年
主上殿下壽萬歲
願佛大施主湖陽兩主
面金大施主令花單身
面金大施主安斗還正
面金大施主金振鳴兩主

諸山
大禅
大禅
大禅
大禅師相淳

목조아미타여래좌상 조성발원문 세부 ⓒ동북아불교미술연구소

이 불상을 조성한 공덕으로 발원합니다.
저희들과 널리 일체 중생들이 다 같이 성불하게 하소서.

주상전하수만세
왕비전하수제년
세자전하수천추

원불시주: 호양 양주
면금시주: 금화 단신
면금시주: 안두섬 양주
면금시주: 김진명 양주
체금시주: 박복영 양주
체금시주: 이여해 양주
복장시주: 백계건 양주
과포시주: 명월 양주
오금시주: 최금용 단신
오금시주: 김남근 양주
공양시주: 박사일 양주
공양시주: 심인남 양주
공양시주: 성길남 양주
공양시주: 단향 양주
공양시주: 유학 비구
공양시주: 해신 비구
공양시주: 성욱 비구
공양시주: 최신복 양주
말장대시주: 일징 비구

후령통시주: 김시영 양주

어(안)료시주: 이백무 단신

좌대시주: 최고춘 양주

황금시주: 애봉 양주

인등시주: 이여해 양주

인등시주: 춘대 양주

등촉시주: 삼생 양주

인등시주: 성인기 양주

인등시주: 김종생 양주

철물시주: 김신발 양주

철물시주: 태일 비구

재목대시주: 김태보 양주

주홍시주: 정월 양주

포시주: 신하경 양주

포시주: 박준남 양주

청밀시주: 이담 양주

등촉시주: 응준 비구

등촉시주: 애진 양주

등촉시주: 한 씨 양주

등촉시주: 춘성 양주

포시주: 상우 비구

포시주: 상오 비구

철물시주: 영변 비구

복장시주: 영변 비구

포시주: 운정 비구

포시주: 계륜 비구

포시주: 조득진 양주

우두머리 스님: 해신
삼강: 도상
지사: 운정

〈연화질〉
증명: 도원
지전: 신잠
화원: 희장, 신학, 여상
공양주: 청인, 지상
야장: 산수
별좌: 태일
대권화주: 응매
기사: 혜규

여러 산사의 대선사
대선사: ○○, ○○, ○○, ○○, ○○, 파정

〈본사질〉
선덕: 희일, 근현, 영욱, 승해, 경인, 덕종, 일전
대중: 처담, 승순, 각명, 근휘, 근학, 혜련, 근담, 성능, 성○, 승○, ○○,
　　　○○, 원○, 청인, 능인, 근준, 계헌, 성학, 지훈, 선인, 성수, 상윤,
　　　정명, 지은, 경문, 상인, 정원, 상엄, 운개, 일○, 운식, 옥경, 옥령,
　　　옥매, 행심, 덕주, 법호, 행운

3. 석등 중대석 명문(1681년 4월)

① 序　施主　太叩
　　　　　　信浩

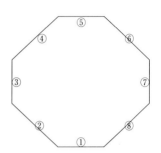

② 片手　金千立　　別座哲悟
　　　　　徐弘發　　化主呂閑

③　　呂字門　僧類造成

④ 康熙二十辛酉四月　日

⑤, ⑥, ⑦, ⑧ 명문 없음

① 시주한 차례: 태엄, 신호
② 편수: 김천립, 서홍발. 별좌: 철오. 화주: 여한
③ 여자문 승류 조성
④ 강희 20년 신유 4월 일

석등 명문 ⓒ최선일

IV. 18세기

1. 현판(1735년 4월)

①	牧牛庵

① 雍正十三年[1]四月日

목우암
옹정13년 4월 일

---

1 雍正十三年 : 1735年. 朝鮮 英祖 11年. 雍正은 淸 世宗의 年號.

2. 부도

① 安貧堂[2]

② 銳峯堂[3]

③ 蓮潭堂[4]

④ 自月堂

⑤ 石部材

⑥ 比丘尼豁然功德記念碑

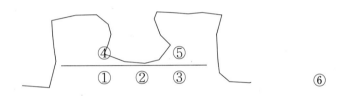

2 安貧堂 : 安貧□諶, 蓮潭有一(1720~1779)스님이 18세(1717)에 法泉寺 性哲스님을
   은사로 출가시 諶(安貧)스님이 수계사. 참조 문헌 『동사열전』 「연담종사전」.
3 銳峯堂 : 銳峯思濟. 약보 참조.
4 蓮潭堂 : 蓮潭有一. 1720~1799. 약보 참조.

연담당탑(1720-1799)

자월당탑

안빈당탑

예봉당탑

V. 20세기

1. 이로면 승달산 목우암(현판, 1903년 2월)[1]

二老面僧達山牧牛菴懸板

祝聖閣記

湖之南有務安府。府之南有僧達山。山之中有法泉寺。寺之北有牧牛庵。山之名
以僧達者。此山之僧。多有達道者。如寶珠國師玉龍子蓮潭大師性智。皆達道於此
山之寺。故名曰僧達也。寺之名。以法泉者。寺有源泉混混。長流盈科進海。故名曰
法泉也。庵之名曰牧牛者。寶珠國師浮海西來。牽牛而牧牛。此菴故名曰牧牛也。
此菴之刱建。昔自隋唐逮至羅麗。于今爲千餘載矣。中古沿革。不知爲幾何。而比
年以來。本寺之佛宇爐殿。頹圮未修。祇有舊址焉。噫。梵宇之興廢。亦有關數而然
歟。寺之有菴猶俗家之有體舍廊舍也。菴則已頹而菴則猶存。亦將有頹壞之慮矣。
去癸巳年。余之從兄泳學氏。莅茲郡數歲。政通人和。百廢俱興。校宮公廨。隨毀隨
葺。而惜此菴之將頹。仍命緇徒勸善。鳩財捐廩助役。仍舊貫而重建焉。余以此郡
監理兼帶府尹之職。辛丑秋。到郡則其間日月。已過七八年矣。寧不感懷興歎哉。
夫寺刹者。蓋[2]爲國家祝聖壽而慈悲衆生也。余以獐浦堰所。看審之行。經宿此菴。
審問古蹟。則菴之後有七星閣。爲人祈福之所。而今于頹落云。故仍爲周覽此山之
形勝。則山不高而秀麗。水不深而澄淸。層嶂疊巘。皆有僧佛之像。有若神鬼之護
焉。余乃感舊而刱新。捐金而建閣。郡之人亦有募緣而補助者多矣。不期年而告
成。輪奐完美。如飛如革。閣以七星爲名者。蓋取諸北斗七星之降靈而名焉。傳曰。
爲政以德。譬如北辰居其所。衆星拱之。噫。惟我東方五百有餘年。聖繼神承。重熙
累洽。猗歟大皇帝陛下。德崇業廣。繼天立極。肆類望秩。懷柔百神。海濱曁防堰闢
野之化。山寺修幡柴燒香之體。皇靈攸曁。神明所佑。采以不才。猥忝分憂。敢竭依

---

1 『조선사찰사료』 全羅南道之部
2 『조선사찰사료』, p. 256에 蓋로 읽었다.

斗之忱。遂成呼嵩之祝。名其閣曰。祝聖。使之菴僧。日夜祝願。願乎上者。聖壽無
疆。子孫昌盛。願乎下者。歲熟民滋。歌詠太平。余於是乎爲之記。

　　大韓光武七年癸卯殷春上澣

　　　　　　　務安監理兼務安府尹 閔泳采書。

　　　　　　　　　　監董 丁亟燮。

　　　　　　　　　　　　成準平。

이로면 승달산 목우암(현판)

　호남의 남쪽에 무안부務安府가 있고, 무안부 남쪽에 승달산僧達山이 있습
니다. 산속에 법천사法泉寺가 있고, 법천사 북쪽에 목우암牧牛庵이 있습니다.
산 이름을 승달산이라고 한 것은 이 산에 머문 승려 중에 도를 깨친 사람
이 많았기 때문입니다. 예를 들면 보주 국사寶珠國師·옥룡자 도선玉龍子道詵·
연담대사蓮潭大師·성지性智 선사 같은 분은 모두 이 산의 절에서 도를 깨우
쳤기 때문에 승달산이라고 이름을 붙였습니다. 절 이름을 법천사라고 한
것은 절에 쉼 없이 힘차게 샘물이 흘러나와 웅덩이를 메우고 바다로 들어
가기 때문에 법천사라고 이름을 붙였습니다. 암자 이름을 목우암이라고
한 것은 보주국사가 바다를 통해 서쪽에서 올 때 소를 끌고 와서 길렀기
때문에 이 암자 이름을 목우라고 부르게 되었습니다.

　이 암자가 창건된 것은 옛날 수나라와 당나라 때에 시작하였고 신라와
고려까지 이르렀으니 지금으로부터 천여 년이 되었습니다. 중간의 옛 연
혁은 어떻게 되었는지 알지 못합니다. 근년 이래로 비교해 보면, 법천사의
불전佛殿과 당우堂宇가 퇴락하여도 수리하지 못하였고, 목우암도 단지 옛터
만 남아 있었습니다.

아. 사찰의 흥망성쇠는 또한 운수와 관련이 있어 그런 것인가. 사찰에 암자가 있는 것은 속가俗家에 본채가 있고 행랑채가 있는 것과 같은 것입니다. 암자는 이미 퇴락하여 아직 보존되어 있었지만, 장차 무너질 염려가 있었습니다.

지난 계사년(1893년, 고종30)에 나의 사촌 형 영학永學이 이 고을로 부임하였습니다. 몇 해가 지나자 정사를 잘 살피며 백성들을 잘 교화하여 모든 폐단을 없애서 잘 살게 하였습니다. 향교와 관청 건물의 훼손된 부분도 모두 수리하였습니다. 그리고 이 암자가 장차 무너지려 하는 것을 애석히 여겨 승려들에게 권선勸善하도록 명하여 재물을 모으고 녹봉을 들여 공사를 도와서 옛날 형태 그대로 중건重建하였습니다.

나는 이 군의 감리監理이자 부윤의 직책을 겸직하고 있습니다. 신축년(1901, 고종 38) 가을에 부임하였는데 그동안의 세월이 이미 7, 8년이 흘렀으니 어찌 감회가 일어나지 않겠습니까.

대체로 사찰이란 국가를 위하고 임금이 장수하도록 기원하고 중생에게 자비를 베푸는 곳입니다. 나는 장포獐浦 제방을 살피는 일로 이 암자에 머물면서 고적古蹟을 물었습니다. "암자 뒤에 칠성각七星閣이 있으며, 기복하는 장소로 사용되었다가 지금은 퇴락하였다." 대답하였습니다. 그리고 승달산의 형세를 두루 살피니 산은 높지 않으면서 수려하였고, 샘물은 깊지 않으면서 맑았습니다. 산은 첩첩이 쌓여 있었는데 모두 부처님 모습을 하고 있어서 신과 귀신의 가호가 있는 것 같았습니다. 내가 옛일에 감회가 있어서 새로 짓고자 하여 돈을 내고 칠성각을 세우려고 하였습니다. 군의 사람들 또한 인연을 모으고 도와주는 사람이 많아서 1년이 되지 않아 완성하였습니다. 건물 구조가 아름답고 하늘을 날아가는 듯한 모습이었습니다. 칠성각으로 이름 붙인 것은 북두칠성의 신령함을 취하고자 하였으므로 그렇게 이름을 지은 것입니다. 『논어』 「위정爲政」에 "덕행으로 정치를

하면 북극성이 가만히 제자리를 지키고 있어도 뭇별들이 옹위하는 것과 같다." 하였습니다.

아. 우리 동방이 개국한 지 5백여 년이 되었는데 성스러운 임금이 계속 왕위를 계승하여 은택이 이어져 내려왔습니다. 위대한 대황제 폐하의 덕이 높고 업적이 큽니다. 하늘의 뜻을 이어받아 법칙을 세우고 상제上帝와 산천에 제사 지내면서 모든 신神을 회유하였습니다. 바닷가 마을은 제방을 쌓아 간척지로 만들고, 산사에서는 향을 태워 기도하니 조상의 영령이 다가오고 신명이 돕습니다.

나는 재주가 없지만, 외람되이 지방관에 임명되어 북두성에 의지하는 정성을 다 쏟아서 마침내 만세를 외치면서 축수祝壽하는 정성을 이루었습니다. 축성각이라 이름 짓고 암자의 승려에게 밤낮으로 축원을 올리도록 하였습니다.

위로는 황제가 끝없이 장수하고 황손이 번창하는 것이고, 아래로는 해마다 풍년이 들고 백성들이 풍요롭고 태평성대를 노래 부르는 것입니다.

내가 이런 까닭에 기문를 짓는 것입니다.

대한 광무 7년 계묘년(1903, 고종40) 2월 상순에 무안감리務安監理 겸兼 무안부윤務安府尹 민영채閔泳采가 썼습니다.

감독관 정극섭丁亟燮, 성준평成準平

海隅嗷嗷集孤臣淚滿袍襟山寺裡佛知否此心勞

光武三年巳亥十一月二十九日葦亭居士金星圭

二老面僧達山牧牛菴懸板

祝聖閣記

湖之南有務安府府之南有僧達山山之中有法泉寺寺之北有牧牛庵

山之名以僧達者此山之僧多有達道者如寶珠國師玉龍子蓮潭大師

性智皆達道於此山之寺故名曰僧達也寺之名以法泉者寺有源泉混

混長流盈科進海故名曰法泉也庵之名曰牧牛者寶珠國師浮海西來

牽牛而牧牛此菴故名曰牧牛也此菴之刱建昔自隋唐逮至羅麗于今

爲千餘載矣中古沿革不知爲幾何而比年以來本寺之佛宇爐殿頹圮

未修祇有舊址焉曁梵宇之興廢亦有關數而然蹶寺之有菴猶俗家之

有體舍廊舍也菴則已頹而菴則猶存亦將有積壞之慮矣去癸巳年余

之從兄泳學氏莅玆郡數歲政通人和百廢俱興校宮公廨隨殿隨而

惜此菴之將頹仍命縉徒勸善鳩財捐廩助役仍舊貫而重建焉余以此
郡監理兼帶府尹之職辛丑秋到郡則其間日月已過七八年矣寧不感
懷與歟哉夫寺刹者盖爲國家祝聖壽而慈悲衆生此余以獐浦堰所看
審之行經宿此菴審問古蹟則菴之後有七星閣爲人祈福之所而今于
頹落云故仍爲周覽此山之形勝則山不高而秀麗水不深而澄清層嶂
蜒蟻皆有僧佛之像有若神鬼之護焉余乃感舊而斬新捐金而建閣郡
之人亦有募緣而補助者多矣不期年而告成輪奐完美如飛如革閣以
七星爲名者盖取諸北斗七星之降靈而名焉傳曰爲政以德譬如北辰
居其所衆星拱之曠惟我東方五百有餘年
聖繼神承重熙累洽狗歟
大皇帝陛下德崇業廣繼天立極肆類望秩懷柔百神海濱曁防堰闢野
之化山寺修燔柴燒香之體皇靈攸曁神明所佑釆以不才猥忝分憂敢
竭依斗之忱遂成呼嵩之祝名其閣曰祝聖使之菴僧日夜祝願願乎上

者. 聖壽無疆子孫昌盛願乎下者歲熟民滋歌詠太平余於是乎爲之

記

大韓光武七年癸卯殷春上澣

務安監理兼務安府尹 閔泳采書

監董 丁亞燮

成準平

祝 聖閣記

郡之南僧達山中古有法泉寺此久毀頹其所慘惻尙忍言哉寺之北有
菴號曰牧牛是亦患圮何幸善君子修以葺之及夫癸卯春朗府閔公建
設祝 聖閣於菴之右繼以趙公莅治捐助諸君子補出多少棟宇落成
丹靑燦然盖論功效浮圖層層楞雲靄靄鍍搨于左以表永不泯云爾

光武八年季秋上浣 化主 朴枕峯

○ 南平郡茶所面佛護寺與曰封菴現在膽寫書類

2. 무안군 승달산 목우암 상 칠성각 모연문(1903년 4월)[3]

務安郡僧達山牧牛菴上七星閣募緣文 癸卯四月
余往嘗遇荒寺飢僧每盡力而扶持之非謟於佛也以僧徒亦吾　皇上之
赤子故志在於爲其所保其生也况此菴僧爲刱我　東宮殿下祈壽之閣
負債不勝將至渙散之地乎歲癸卯初夏余自長城楸舍將歸于港署透迤
十餘里歷宿於僧達山牧牛菴夕昏昏然不省翌朝登菴後見七星閣六間
丹雘新鮮耀目甍棟極其堅緻內有釋迦觀音羅諸漢像及獨樂影山神幀
中安木牌乃我　東宮殿下壽千秋字樣也於是起敬詢其事蹟則前監理
閔泳采爲　東宮殿下祈壽新建此閣既捐重貨而役未畢遞歸菴僧枕峰
竭力出債以竣其役然千數之錢尚未淸償將有不可免之良貝云矣余竊
念官人爲此己極欽服緇徒能如是實難多得而其官遞歸其僧今受其困
豈不重可悶歎者也吾以前監理後任之官若不有意於成就前人之誠則
固所可愧而凡厥紳士商民莫不有藹然天良愛國之誠亦必不後於菴矣
因傾行橐以萬文錢助之書此弁之於募緣券首頁以付之菴僧須以此券
厥告於郡港官民則自應有與我同意者云爾

---

3 김성규 저/ 김철진·김익진편,「務安郡僧達山牧牛菴上七星閣募緣文」,『草亭集』卷
   6, 성취원, 1937.

무안군 승달산 목우암 상 칠성각 모연문

계묘년 4월에 내가 황폐하게 된 절을 보았는데 승려들이 매일 힘을 다해 일하지만 제대로 먹지 못하여 굶주리며 상당히 어렵게 절을 유지하고 있어서 저 부처님을 의심하지 않을 수 없었습니다. 승려들도 또 우리 황상의 적자가 아니겠습니까. 그러므로 그곳을 보존하고 생활할 수 있도록 하려는 뜻이 있었습니다. 이 암자는 승려들이 창건하였지만, 우리 동궁 전하를 위해 기도하는 전각을 지으면 부채를 이기지 못할 것이고 장차 승려들이 해산해서 다른 지방으로 흩어지게 될 것입니다.

계묘년 4월 초여름에 내가 장성추사長城楸舍에서 장차 우항서于港署로 돌아가려다가 10리를 돌아서 승달산 목우암에 들어가 묵었습니다. 저녁에는 어두워서 제대로 살피지 못하고, 다음 날 아침 암자에 오른 후에 보니 칠성각 6칸에 단청하여 신선하게 빛나며 서 있고, 용마루와 마룻대가 지극히 견고하고 치밀해 보였습니다. 안에는 석가상, 관음상, 여러 나한상과 오직 지는 해가 비치는 산신탱화 중앙에 목패가 안치되어 있었습니다. 우리 '동궁 전하 수천추'라고 쓰여 있었습니다.

내가 공경하는 마음을 일으켜 일의 사실을 물었습니다. 전 감리 민영채가 동궁 전하를 위해 기도할 이 축성각을 새로 건립하기 위해 이미 거듭 재물을 썼는데 부역을 마치지 못하고 다른 임지로 떠나게 되었습니다. 암자의 승려 침봉이 있는 힘을 다하고 빚을 내어서 그 부역을 마쳤습니다. 그러나 수천 전의 돈은 오히려 깨끗하게 상환하지 못하여 장차 낭패를 면하기 어렵다고 말했습니다. 내가 혼자 가만히 생각해 보니 관리가 지극히 자기를 위해 한 일이지만, 승려들이 깊이 공경하고 우러러서 복종하였습니다.

참으로 이렇게 어려움이 많은데 관리가 돌아가는 바람에 그 승려가 지금 곤경에 처해 있으니 어찌 탄식하며 답답하지 않겠습니까. 내가 전 관리의 후임 관리로서 어찌 이전 관리의 정성을 이루고자 하는 뜻이 없다면 참으로 부끄러운 일입니다. 그 신사紳士와 상민商民들이 타고난 양심의 아름다운 마음이 없거나 나라를 사랑하는 정성이 없었다면 또 암자도 후대에까지 전해지지 못할 것입니다. 이런 이유로 전대를 풀어 만문의 돈을 협조해서 도와주고, 더불어 모연문의 머리글을 써서 암자의 승려에게 주었습니다. 반드시 이 문서를 가지고 군항의 관리와 국민에게 광고하면 스스로 응하거나 나와 뜻을 같이하는 자가 있을 것입니다.

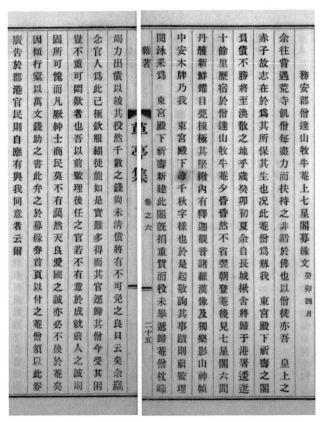

「무안군승달산목우암상칠성각모연문」, 『초정집』

3. 우암제금집牛菴題襟集(1903년 6월)[4]

　계묘(1903년) 6월 초5일, 무안감리 사직서를 올리기로 마음을 정하였습니다. 내가 무안항 감리서務安港監理署에 재직하며 찌는 듯 견디기 어려운 무더위가 닥쳐와 괴롭고, 덧없는 세상사를 멀리할 생각이 일어나서 술과 시축詩軸을 꾸려 싣고 목우암에 가서 더위를 보냈습니다. 암자가 무안군 승달산 제일 깊은 곳에 있어서 물이 흐르는 골짜기가 그윽하고 그윽하며 송죽松竹이 우거지고 그늘이 져서 비록 빼어난 수석水石의 승경勝景은 없지만, 그래도 군郡에서 가까운 곳으로는 경치가 좋은 곳입니다. 목포항에서 사십 리 가까운 거리라서 하루면 갔다 올 수 있습니다. 항내港內에 많은 손님과 벗들이 와서 모여 술잔을 주고받으며, 시를 읊조리어 마음속 회포를 시원하게 풀어 놓았습니다. 김청산金聽山 면수冕秀의 봉영홍설록蓬瀛鴻雪錄 속의 운韻을 차운次韻하여 읊었던 것이니 참으로 승사勝事라 할 것입니다. 그래서 그 시詩를 편집編輯하여 우암제금집牛菴題襟集이라고 표제를 붙였습니다. 또 함께 모인 사람의 성명을 집集의 머리에 기록하고, 우리가 서로 좋아하던 뜻을 기억하도록 하여 제공諸公들에게 뒷날의 기념이 되기를 바란 것입니다.

4　김성규 저/ 김철진·김익진편, 「牛菴題襟集」, 『草亭集』 卷6, 성취원, 1937.

4. 축성각기|祝聖閣記(1904년 9월)[5]

祝聖閣記

郡之南僧達山中。古有法泉寺。此久毀頹。其所慘惻。尙忍言哉。寺之北。有菴號曰牧牛。是亦患圮。何幸善君子修以葺之。及夫癸卯春。明府閔公建設祝聖閣於庵之右。繼以趙公蒞治捐助。諸君子補出。多少棟宇落成。丹靑燦然。蓋論功效。浮圖層層。楞雲靄靄。鏤揭于左。以表永不泯云爾。

　　　光武八年季秋上浣 化主 朴枕峯。

축성각기

무안군의 남쪽 승달산에 예로부터 법천사가 있었습니다. 이것이 세월이 오래되어 훼손되고 무너졌는데 참혹한 상황을 차마 말로 할 수 없었습니다. 법천사 북쪽에 있는 목우암 또한 무너질까 걱정하고 근심하였는데 다행히 훌륭한 군자가 중수하였습니다.

계묘년(1903년, 고종40) 봄에 무안군 부윤 민영채가 목우암 우측에 축성각을 지었습니다. 계속해서 조공趙公이 부임하여 돈을 내어서 돕고 여러 군자들도 보조하여 약간의 건물들을 완성하여 낙성하였습니다. 단청이 찬란하게 아름다워 모두가 그의 중수한 공덕을 찬탄하였습니다.

층층의 승탑에 뭉글뭉글 구름이 일어나는구나. 이 글을 새겨서 걸어두고 이 사실이 영원히 없어지지 않기를 바랄 뿐입니다.

광무 8년(1904, 고종41) 9월 상순에 화주化主 박침봉朴枕峯

---

5 『조선사찰사료』 全羅南道之部

者 聖壽無疆子孫昌盛願乎下者歲熟民滋歌詠太平余於是乎寫之

記

大韓光武七年癸卯殷春上澣

務安監理兼務安府尹 閔泳来書

監董 丁亞燮

成準平

祝聖閣記

郡之南僧達山中古有法泉寺此久毀頹其所慘惻尙忍言哉寺之北有

菴號曰牧牛是亦患圯何幸善君子修以茸之及夫癸卯春明府閔公建

設祝聖閣於庵之右繼以趙公莅治捐助諸君子補出多少棟宇落成

丹青燦然盖論功效浮圖層層楞雲簷簷鏤揭于左以表永不泯云爾

光武八年季秋上浣 化主 朴枕峯

○南平郡茶所面佛護寺與日封菴現在贍寫書類

二五七

5. 신중도 화기(1922년 4월 8일)

①
大正拾一年壬戌[6]四月正[7]日
全南道務安郡僧達山
牧牛菴新畵成奉安
于本庵
會主雪醐永允[8]
誦呪錦虚竺典[9]
持殿　　龍善[10]
金魚觀河宗仁[11]
　　　　正淳[12]
別座　　洪輪
化主枕峯俊益[13]

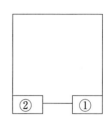

6　大正拾一年壬戌 : 1922年. 大正은 日本 年號.
7　正 : 正, 定의 古字. 正日은 음력 초하루 또는 명절 경축일 등. 〈漢韓大辭典(7), 檀
　　國大學校附設東洋學研究所, 2004〉.
8　雪醐永允 : 약보 참조.
9　錦虚竺典 : 佛畵所 소속으로 持殿·誦呪로 활동한 시기는 1901~1932.
10　龍善 : 景淵龍善. 佛畵所 소속으로 持殿·誦呪로 활동한 시기는 1920~1944.
11　觀河宗仁 : 畵員. 활동시기 1881~1933.
12　正淳 : 正順, 淨順과 동일인으로 추정. 松坡淨順. 畵僧. 池氏. 全南 高興 郡內 院洞
　　출생. 활동시기 1922~1947. 약보참조.
13　枕峯俊益 : 朴氏. 원갑사 화주·도감 1908, 주지 1912~1927, 대흥사 주지 1913, 목
　　포포교당(반야사) 주지 1920, 노만사 주지 1912~1917, 1920~1927, 나주 다보사
　　도감 1927, 목우암 주지 1916~1927, 목우암 화주 1922.

②
木浦府溫錦洞[14]
乾令[15]甲戌生[16]尹永善
坤令壬午生[17]申　氏
化主淸信女宋氏般若華

① 대정 11년 인술 4월 1일
전남도 무안군 승달산 목우암에서 새로 탱화를 조성하여 본 암에 봉안
하였습니다.

회주: 설호 영윤
송주: 금호 축전
지전: 용선
금어: 관하 종인, 정순
별좌: 홍륜
주지: 침봉 준익

② 목포부 온금동
건명 갑술생 윤영선
곤명 임오생 신 씨
화주: 청신녀 송반야화

---

14 溫錦洞 : 부내면 지역으로서 후미인데, 양지여서 늘 따뜻하여 다순그미, 다순금,
　　따순그미, 따순기미, 따신기미, 온금동이라 하였고, 1914년 행정구역 폐합에 따
　　라 온금동이라 함.
15 令 : 命의 이체자.
16 甲戌生 : 1874年生. 당시 49세.
17 壬午生 : 1882年生. 당시 41세.

관하종인, 신중도, 1922년,
무안 목우암 ⓒ최선일

山　達　僧

나무아미타불

南無阿彌陀佛

聞有達山ゝ有僧　春風引我尋真路
百年泉石主張能　老去詩需價幾層
醒菴朴炳珠文性

儼然僧達似高僧　滄海茫ゝ天際極
超出塵間萬象能　飄如羽化立千層
瑞菴趙秉勳萬善

僧達山僧未達僧　自然心醉真相界
十王向壁愧無能　每對行人誇一層
住持朴枕峯

丙寅七月　日

나무아미타불 석각, 1926년 ⓒ동북아불교미술연구소

18　번역은 순천 송광사 南隱玄鋒이 하였다.

승달산에 스님이 있다고 들었는데 　　　　　聞有達山ㅅ有僧
백년 동안 샘물처럼 진리를 설하였네. 　　　　百年泉石主張能
봄바람이 나를 이끌어 진리를 찾으면서 　　　春風引我尋真路
늘그막에 시를 지으니 훨씬 값어치가 있네. 　老去詩需価幾層
　　　　　성암 박병숙 문성 　　　　　　　　醒菴朴炳琡文性

확실히 승달산은 고승을 닮아서 　　　　　儼然僧達似高僧
티끌 세간 만상을 초월하여 벗어났네. 　　　超出塵間萬象能
푸른 바다 아득하여 하늘가에 닿았는데 　　滄海茫ㅅ天際極
신선처럼 날듯이 높은 곳에 서 있도다. 　　飄如羽化立千層
　　　　　서암 조병훈 만선 　　　　　　　　瑞菴趙秉勳萬善

승달산의 스님은 깨닫지 못하여 　　　　　僧達山僧未達僧
시왕님께 참선하는 것은 부끄럽지만 　　　十王向壁愧無能
자연 같은 마음은 진실한 세계에 취하여 　自然心醉真相界
사람들을 대할 때마다 더욱 자랑한다네. 　每對行人誇一層
　　　　　주지 박침봉 　　　　　　　　　　住持朴枕峯[19]

　　　　　　병인(1926년) 7월　일 　　　　　丙寅[20]七月　日

19　朴枕峯 : 枕峰俊益. 1916.12.20~1927.7.9. 牧牛庵 住持. 1912.11.6~1927.7.9. 圓岬
　　寺 住持(겸무), 1917.6.19. 露滿寺 住持 사직, 1927.7.9. 露滿寺住持만료.
20　丙寅 : 丙寅. 1926年.

7. 목우암 귀중품(조선총독부 관보, 1932년 6월 20일)

1932년 6월 20일 조선총독부 관보 제1634호(7면) 귀중품 대장

寺刹名　　全羅南道務安郡朴谷面 牧牛庵 貴重品

名稱 명칭	員數 원수	品質 품질	形狀 형상	寸法 촌법	摘要 적요
觀世音菩薩 관세음보살	1	木製塗金 목제도금	立像 입상	高 6尺	
阿彌陀佛 아미타불	1	同	坐像 좌상	同 6尺3寸	
大勢至菩薩 대세지보살	1	同	立像 입상	同 6尺	
釋迦如來 석가여래	1	同	坐像 입상	同 3尺9寸	
彌勒菩薩 미륵보살	1	同	同	同 1尺1寸	
迦羅菩薩 가라보살	1	同	同	同 1尺5寸	
地藏菩薩 지장보살	1	同	同	同 1尺5寸	
迦葉尊者 가섭존자	1	同	同	同 3尺	
羅漢尊者 나한존자	1	同	同	同 2尺1寸5分	
羅漢尊者 나한존자	1	同	同	同 2尺1寸5分	
金剛神 금강신	2	同	立像 입상	同 3尺8寸	
使者像 사자상	2	石製 석제	立形 입형	同 3尺3寸	
浮屠 부도	6	同	同	同 6尺	
法華經 법화경	7	紙製 지제	製本 제본		

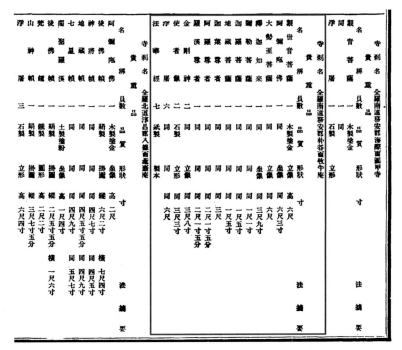

寺刹名 全羅北道淳昌郡入德面龍藏庵						寺刹名 全羅南道務安郡朴谷面牧牛庵						寺刹名 全羅南道務安郡海際面圖甲寺					
名稱	員數	品質	形狀	寸(高)	法摘要(橫)	名稱	員數	品質	形狀	寸(高)	法摘要	名稱	員數	品質	形狀	寸	法摘要
阿彌陀佛	一	木製塗金	立像	二尺		製世音菩薩		木製塗金	立像	六尺三寸		觀音菩薩	一	木製塗金	立像		
神將幀	一	絹製	掛幀	六尺二寸	橫 七尺四寸	阿彌陀佛	一	同	立像	六尺		浮屠	一	石製	立形		
後佛幀	一	絹製	掛幀	四尺七寸	同 四尺五寸	大勢至菩薩	一	同	坐像	三尺九寸							
地藏幀	一	土製塗粉	坐像	四尺五寸	同 四尺九寸	釋迦如來		同	同	一尺一寸							
七星幀	一	鐵製	掛幀	四尺九寸	五尺七寸	彌勒菩薩		同	同	一尺一寸							
覺聖幀	一	絹製	圓形	一尺四寸		迦葉尊者		同	同	一尺五寸							
山神幀	一	絹製	掛幀	二尺五寸	一尺六寸	迦葉尊者		同	同	三尺							
浮神幀	三	石製	立形	二尺二寸		地藏菩薩	二	同	同	二尺一寸五分							
				一尺七寸五分		阿難尊者	二	同	同	三尺八寸							
				三尺七寸五分		金羅漢神		同	同	三尺三寸							
				六尺四寸		使者神	六	石製	立形	六尺							
						汪存 華嚴經	七	紙製	製本	六尺							

조선총독부관보 1634호_ 목우암 귀중품

8. 법고 묵서(연대 미상)

①
謹施
木浦府錦和洞十二番地
金龍文

②
日吉甲庚年子戊文龍金主施   木浦府錦和洞十二番地

삼가 시주합니다.
목포부 금화동 12번지 김용문

시주 김용문 무자(1948)년 8월(경) 길일
목포부 금화동 12번지

법고 명문. 20세기 전반 ⓒ최선일

9. 목우암중수기(현판, 1970년 5월)

　　牧牛菴重修記

謹按古史컨대蘆嶺의山脈으로湖南의
大地인靈鷲山인데南宋至元年에印度
于闐國[21]僧圓明祖師가弟子五百余人으로
이山中에서悟道得達해서山名을僧達山
이라改稱했으며距今十五世紀前百濟中葉
東漢永平七年에德異祖師가初創牧牛子
和尙의뜻을이어牧牛庵이라稱하고그후에
唐武德七年에淨明祖師가再重創, 있때寮舍가
三十八棟이요菴堂이四十棟이나되는大刹이였으며
唐永熙庚戌年에普元祖師가三重創, 天曆年
에惠寂和尙이四重創, 新羅景德王八年에靈異祖
師가五重創, 李朝壬乱에禪門이寂莫하다가李
朝仁祖王戊戌年에靈旭和尙이六重創으로餘
脈을持續하다가十五年前에比丘尼郭豁然和
尙의誠心으로重修을했으며이넘어法泉寺
旧基에菴堂을新築하시고今年에도豁然和尙
의上佐金普德住持和尙과同心盡力으로우리
民族文化發展의中興課業을爲해주시고施
主의善心結果로이와갖이隨喜同參해주시니
成佛作祖之緣과子孫萬代의번영이크지않을

21　于闐國의 誤記이다.

까요玆以略述重修顚末如左하고施主名單을
別記于後하나이다

　　　佛紀二五十四年辛亥中夏

　　　　　　　全北辺山　文化柳寅變記

　　施主芳名秩　　　　　　　(無順)

一.金拾五萬圓　광주시임동　　전영진

一.金八萬圓　　광주시　　　　박종섭

一.金參萬圓　　광화거무내　　윤일상

一.金五萬圓　　서울시　　　　이채봉

一.金貳萬圓　　무안군수　　　윤성윤

一.金貳萬圓　　청계양주장　　김용대

一.金壹萬五千圓　서울市　　　박완식

一.金壹萬五千圓　서울시마포구　박묘희

一.金壹萬圓　　목포죽교二구　윤달원

一.金五千圓　　목포재판소　　황영진

목우암 중수기

　삼가 옛날의 역사를 더듬어 봅니다. 노령산맥은 호남의 큰 땅으로 영취산이 있습니다.

　남송 지원 연간에 인도의 우전국 승려 원명 조사가 제자 5백여 명을 데리고 이 산중에 와서 도를 깨닫고 통달해서 산 이름을 승달산이라 고쳐 불렀습니다. 지금으로부터 15세기 전 백제 중엽입니다. 동한 영평 7년에 덕이 조사가 처음 창건하고 목우자 화상의 뜻을 이어서 목우암이라 하였습니다. 그 후 당나라 무덕 7년에 정명 조사가 다시 중창하였는데, 이때 요사가 38동이요 암당이 40동이나 되는 큰 사찰이었습니다. 당나라 영희

경술년에 보원 조사가 세 번째 중창하였고, 천력 연간에 혜적 화상이 네 번째 중창하였습니다. 신라 경덕왕 8년에 영이 조사가 다섯 번째 중창하였고, 이조의 임진왜란으로 선문禪門이 적막하다가 이조 인조왕 무술년에 영욱 화상이 여섯 번째 중창하고 명맥을 지속하였습니다. 15년 전에 비구니 곽활연 화상의 지극한 마음으로 일곱 번째 중창을 했습니다.

목우암 너머 법천사 옛터에 암당庵堂을 신축하고, 금년에도 활연 화상의 상좌 김보덕 주지 화상과 한마음 힘을 써서 우리 민족문화 발전의 중흥과업을 위해 힘을 썼습니다. 자비심으로 조건 없이 시주하였고, 또 좋은 결과로 이와 같이 기쁘게 같이 동참해 주시니 부처가 되고 조사가 되는 인연을 지었으며, 자손만대로 크게 번영할 것입니다. 이에 중수의 전말을 간략히 적고 좌측에 시주한 명단을 따로 적어서 후세 사람이 보게 하였습니다.

불기 2514년 신해 한여름 전북 변산 문화 유인섭 기록합니다.

시주 방명질
일금, 15만원 광주시 임동   전영진
일금, 8만원 광주시   박종섭
일금, 3만원 광화 거무내   윤일상
일금, 5남원 서울시   이채봉
일금, 2만원 무안군수   윤성윤
일금, 2만원 청계양주장   김용대
일금, 만5천원 서울시   박완식
일금, 만5천원 서울시 마포구 박묘희
일금, 1만원 목포 죽교2구   윤달원
일금, 5천원 목포 재판소   황영진

목우암중수기, 1970년 5월 ©최선일

10. 후불도 화기(1972년 2월 15일)

壬子年[22]三月二十五日務安郡
僧達山法泉寺後佛幀以
仍奉安于
證明　古庵
誦呪　壯祚
金魚　雲溪
化主　普德
光州市계림동二구四九一의二四
　　　　　윤규호
　　　　　고재순
　　　　　윤욱일
　　　　　윤　승
　　　　　윤순민
목포시대성동八九번지
　　　　　박찬규
　　　　　한절자
김제군김제읍신충리
　　　　　강영기
　　　　　김석규
목포시대성동二九四번지
　　　　　최한채

22　壬子는 1972년이다.

신동숙

목포시용당동一〇五〇번지

정용선

정세웅

〃　　〃　　〃

최병원

목포시남교동八五번지

강철원

목포시행복동

김거인

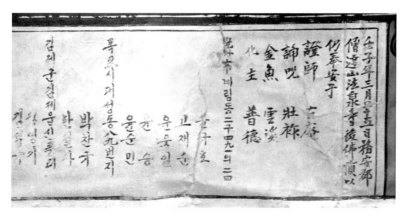

후불도 화기, 1990년 5월 ⓒ최선일

11. 지장시왕도 화기(1972년 2월 15일)

壬子[23]二月十五日僧達山牧牛庵地藏
幀以仍奉安于　　施主秩
　　무안군해재면용학리
　　　　　　　　박복현
　　　　　　　　박종연
　　　　　　　　박성체
　　목포행복동　김봉귀
　　〃　대성동　박찬규
　　〃　죽　동　금연화
　　〃　수강동　김형석
　　〃　영해동　정영송
　　〃　창평동　박춘혁
　　〃　남교동　정용희
　　〃　행복동　박보살행
　　〃　대성동　김금복
　　〃　행복동　김흥진
　　〃　복만동　조진여성
　　〃　죽교동　조양원
　　〃　남교동　이경운
　　〃　죽교동　조민규
　　〃　　　　　김제철

23　壬子는 1972년이다.

〃　북교동　문두순
　　축구동　안초선

목우암중수기, 1970년 5월 ⓒ최선일

12. 비구니 활연 공덕 기념비(1977년 2월 15일)

전면]

比丘尼豁然功德記念碑

측면]

師는서울에서단기四二二五年壬辰九月十八日出生하야父玄風郭基石母濟州梁氏의后女로서五台山月精

寺에서道含을恩師로得道金烏和尙을戒師로菩薩戒와比丘戒를받고月精寺上院庵에서參禪과修學을하

고그후에三角山太古寺를거처江華白蓮寺에서道含스님모시고十餘年間重修佛事를하고다음해八月에

牧牛庵으로移住하야其間부처님께風雨를가리지못하시고危機에있어서항상念願하시다가단기四二

九三年度에豁然스님의願力으로信男信女와誠意가一致되여重修佛事을하였으며門廊四間부속건물二

棟을新築하시고다음해에그간不良輩의作乱으로浮屠돌이散在하야새터에運搬定立하고食水工事境內外

후면]

石築工事,道路工事를다完工하시고法泉寺旧址는옛날에大刹이였으나李朝中葉에廢墟가되여先師님들

의古跡을항상민망히여겨단기四二九七年度에豁然스님께서庵堂三間을重創하시고단기四三○二年度

에上佐現住持普德스님과同助하야庵堂三間을新築하시고畓三斗落를買入

하야奉佛에至誠心을形言할 수

없으니이어찌感歎치아니하리오深山窮谷에서東奔西走하고다니며難關을克服하시면서鄉土文化發展

事業에模範이아니라할수없읍니다스님께서는단기四三O三年度에住持職을上佐普德스님께引繼하시고

新築한法泉寺에서修養하시다가단기四三O七年甲寅四月二十二日에哀惜하게入寂하시니信徒님들

은勿論이요이消息을들은사람들은스님의그큰功德과仁慈하신德望을그누가讚揚치아니하리오信徒님

들께서豁然스님의功德을永遠히記念하기위하야뜻같은誠意를모아記銘立碑코저渴望하기에이로

　　　丁巳年二月十五日 文化后人 柳禧墩　謹書　단기 四三一O年三月十日
住 持 金 普 德

上佐 普德	禪德 趙聖山	信徒會長 韓在七
慧德	徐慧雲	信徒會親睦契員一同謹立
止元		化 主 白陳同
妙靜		金法輪華
錫泉		金天眞性

측면]

성금방명

서산섭	김우하	송옥산	정방원	조강현	조한원
안광일	양취봉	송영안	김판수	김춘일	임석용
전영진	장경식	정용선	강주원	김성녀	정희연
조귀보	임재봉	문용범	이남일	김두철	남성리
정태용	임경순	이연화심	나대권	노진한	신도일동
정경욱	김봉귀	박민성	최규봉	김한필	최대원경

비구니 활연 공덕 기념비

스님은 서울에서 단기 4225년 임진 9월 18일 아버지 현풍 곽기석, 어머니 제주 양씨의 딸로 출생하였습니다. 오대산 월정사에서 도함 스님을 은사로 입문하고 금오 선사를 계사로 보살계와 비구니계를 받았습니다. 월정사 상원암에서 참선과 공부를 하였고, 서울 삼각산 태고사를 거쳐 강화 백련사에서 도함 스님을 모시고 10여 년간 중수 불사를 했습니다. 다음 해 8월에 목우암으로 이주하여 그간 부처님이 비바람을 피하지 못하는 위기에 처해 있어서 항상 불사를 염원하였습니다.

단기 4293년에 활연 스님이 원력을 세워 신심있는 신도들의 정성스러운 마음과 일치하여 중수 불사를 했습니다. 문간 사랑채 4칸을 짓고, 부속 건물 2동을 신축하였습니다. 다음 해에는 그간 불량배들의 작난으로 부도들이 흩어진 것들을 새로운 터에 운반하여 바르게 세웠습니다. 식수 공사와 도량 내외의 석축 공사, 도로 공사를 다 완공했습니다. 법천사 옛터가 옛날에는 큰 사찰이었으나 이조 중엽에 폐허가 되었습니다. 먼저 가신 스님들의 옛 발자취를 항상 민망히 여겼습니다.

단기 4297년에 활연 스님이 법천사 옛터에 집 3칸을 중창하였습니다. 단기 4302년에 상좌인 현주지 보덕 스님과 같이 협력하여 암자의 집 3칸을 새로 짓고, 밭 3두락을 매입하여 부처님을 시봉하는 지극한 정성을 말로 다 할 수 없었습니다. 어찌 감탄하지 않을 수 있겠습니까. 깊은 산 궁핍한 골짜기에서 동서로 분주하게 다니며 수많은 난관을 극복하면서 향토문화발전사업에 모범을 보이셨습니다.

스님은 단기 4303년에 주지 직책을 상좌 보덕 스님에게 인계하고 신축한 법천사에서 수양하셨습니다. 단기 4307년 갑인 4월 22일 애석하게 입적하셨습니다. 신도들과 소식을 들은 사람들은 슬퍼하며, 스님의 큰 공덕과 인자하신 덕망을 찬양하였습니다. 신도들이 활연 스님의 공덕을 영원히 기념하기 위하여 정성스러운 성의를 모아서 비명을 짓고 돌에 새겨서 비석을 세우기를 갈망하였습니다.

정사년 2월 15일 문화후인 유희돈 삼가 썼습니다.

단기 4310년 3월 10일 주지 김보덕
상좌: 보덕, 혜덕, 지원, 묘정, 석천
선덕: 조성산, 서혜운
신도회장: 한재칠
신도회 친목계원 일동 삼가 비석을 세웁니다.
화주: 백진동, 김법륜화, 김천진성

　　성금 방명
서산섭, 김우하, 송옥산, 정방원, 조강현, 조한원,
안광일, 양취봉, 송영안, 김판수, 김춘일, 임석용,
전영진, 장경식, 정용선, 강주원, 김성녀, 정희연,
조귀보, 임재봉, 문용범, 이남일, 김두철, 남성리,
정태용, 임경순, 이연화심, 나대권, 노진한, 신도일동
정경욱, 김봉귀, 박민성, 최규봉, 김한필, 최대원경

13. 비품대장(1981년 3월 24일)

1쪽

법천사 목우암 비품대장   No.1

	품 명	수량	비 고
1	가마솥	1	
2	불기	9	
3	양은솥	2	
4	종	1	
5	북	2	大1 小1
6	태징	小1	
7	불상	3	아미타불상 1 관세음보살입상2
8	향로	6	
9	촛대	14	
10	다기	7	
11	칠성탱화	1	
12	신장태오하	1	
13	요령	1	
14	목탁	1	
15	탁자	2	大1 小1
16	십육나한상	19	18 석가모니불
17	금강역사	2	
18	아미타불	1佛	석가모니불
19	지장탱화	1	
20	산신탱화	1	
21	신장탱화	1	

2쪽

	품 명	수량	비 고
22	동종	2	
23	주전자	2	
24	다래기	1	
25	장독	12	
26	벽시계	1	
27	후불탱화	1	

3쪽

검수인수서

대한불교 조계종 제22교구 본사 대흥사

| 감찰원 | 장운수 |
| (법명) | 장범여 |

대한불교 조계종 제22교구 본사 대흥사

| 재무 | 이형 |
| (법명) | 현묵 |

대한불교 조계종 제22교구 말사

법천사(목우암)

| 위촉자 | 김선일 |
| (법명) | 성원 |

검수년월일   서기 1981년 3월 24일

1쪽

2쪽

3쪽

14. 산신도 화기(1988년 2월 12일)

佛紀二千五百三十二年
戊辰 二月十二日
僧達山法泉寺
　　主持 金性圓
靝畵佛事施主者
光州直轄市北區
　　文興洞八—一
坤命己酉生林守德

불기 2532년 무진 2월 12일 승달산 법천사 주지 김성원

정화불사 시주자

광주직할시 북구 문흥동 8-1
곤명 기유생 임수덕

15. 독성도 화기(1988년 2월 12일)

佛紀二千五百三十二年
　　戊辰二月十二日
僧達山法泉寺
　　　主持 金性圓
竅畵佛事施主者
光州直轄市北區
　　文興洞八의一
乾命丙寅生梁金綿
坤命丙子生李鳳德
長子甲辰生梁勝龍
長女丙午生梁起順

불기 2532년 무진 2월 12일 승달산 법천사 주지 김성원

정화불사 시주자

광주직할시 북구 문흥동 8-1
건명 병인생 양금면
곤명 병자생 이봉덕
장자 갑진생 양승룡
장녀 병오생 양기순

16. 조왕도 후면 묵서(1990년 4월 8일)

全南務安郡一老邑月岩里一區
淸信士정묘生 羅光均
淸信女경오生 鄭京子
長　子경인生 羅大權
佛紀二五三四年四月八日
牧牛庵 조왕탱화

전남 무안군 일로면 월암리 1구
청신사 정묘생 나광균
청신녀 경오생 정경자
장자　경인생 나대권
불기 2534년 4월 8일 목우암 조왕탱화

17. 축성전 후불도 화기(1990년 5월)

엄공행

증명
  도견 대선사

반야회원 명단
경신생 대원화
임술생 대성행
■■생 여래심
무오생 문수행
경오생 이봉수
신유생 유심화
정묘생 지월심
기사생 서정순
       법현심
       선재화
을유생 정법행
병술생 대도행
을유생 법률행
임오생 김금자
갑신생 관음행
       엄반임
       김희수

불기 2534년 5월
전남 무안군 동탄면
　목우암

후불도, 1990년 5월, 목우암 축성전 ⓒ동북아불교미술연구소

18. 인수인계서(1990년 10월 13일)

표지]

인계인수서
　　목우암

　　　1990.10.13.
　　　인계자　배상수(계운)
　　　인수자　김택진(혜남)
　　　보증인　김두식(선문)
　　　(제22교구본사 규정국장)

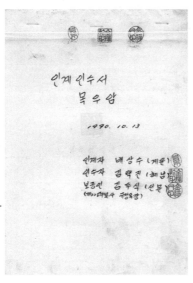

표지

1쪽

2쪽

순번	명칭	수량	비고
16	불산화암 육신보살	1	편지(약300번지)
17	목탁	6	
18	전판		목우암(牧牛庵)
19	촛대	14	
20	향로	7	
21	다기	7	
22	불전함		
23	요령	3	
24	나한전 후불탱화	1	
25	다기		
26	경상	1	

3쪽

목우암 재산목록

순번	지번	지적	지목	관리인	소재지	비고
1	944-1	44,300	林野	목우암	몽탄면 달산리	
2	134	30		〃	〃	
3	130	13000		〃	〃	
4	131	101300		〃	〃	
5	944	324	田	〃	〃	
6	760	106		〃	〃	
7	916	68		〃	〃	
8	910	109		〃	〃	
9	915	141		〃	〃	
10	944	141		〃	〃	
11	948	110		〃	〃	
12	947	200		〃	〃	
13	948	160		〃	〃	
14	949	206		〃	〃	
15	946	2024		〃	〃	

4쪽

목우암 건물 현황

순번	명칭	수량	비고
1	법당(신법당)	1	전면 가림
2	축성각(나한전)	1	〃 8평
3	해탈문(요사채)	1	〃 20평
4	화장실	1	〃 2평

5쪽

순번	명칭	수량	비고
1	냉장고	1	700ℓ
2	TV	2	칼라1대 흑백1대
3	앰프	1	
4	밥상	2	大1 小1
5	솥	3	大2 小1
6	후라이	200	
7	장우	12	
8	시계	1	
9	전화기	2	
10	불기	10	
11	시루	20	
12	주전자	3	
13	이불	62	
14	전기냉온	1	
15	탈수기	1	
16	가스렌지	12	

내지]

1쪽

목우암 성보 관계

순번	품 명	수량	비 고
1	아미타불	1	목불 높이 6자
2	대세지보살	1	목불 높이 6자
3	관세음보살	1	목불 높이 6자
4	석가모니불	1	목불 높이 3자
5	나한상	18	목조 높 2자-2.5자
6	후불탱화	2	한지 및 포(4尺-5尺)
7	산신탱화	1	〃
8	칠성탱화	1	〃
9	독성탱화	1	〃
10	신장탱화	1	〃
11	지장탱화	1	〃
12	종	1	
13	북	2	
14	부도	5	
15	석등	1	

2쪽

순번	품 명	수량	비 고
16	몽산화상 육도보살	1	한지(약 300년전)
17	목탁	5	
18	현판		목우암(牧牛庵)
19	촛대	14	
20	향로	7	
21	다기	7	
22	불전함	1	

118 문헌 속 무안 목우암

23	요령	3	
24	나한전 후불탱화	1	
20	다기	1	
26	경상	1	

3쪽

목우암 재산목록

순번	지번	지적	지목	관리인	소재지	비고
1	144-1	640,800坪	林野	목우암	몽탄면 달산리	
2	135	30坪	〃	〃	〃	
3	120	17,000坪	〃	〃	〃	
4	121	101,300坪	〃	〃	〃	
5	954	326坪	田	〃	〃	
6	960	106坪	〃	〃	〃	
7	952	615坪	〃	〃	〃	
8	950	189坪	〃	〃	〃	
9	955-1	141坪	〃	〃	〃	
10	955	162坪	〃	〃	〃	
11	948	110坪	〃	〃	〃	
12	957	220坪	〃	〃	〃	
13	958	150坪	〃	〃	〃	
14	959	206坪	〃	〃	〃	
15	946	2,084坪	〃	〃	〃	

4쪽

목우암 건물 현황

순번	명 칭	수량	비 고
1	법당(인법당)	1	건평 36평
2	축성각(나한전)	1	〃 8평
3	해탈문(요사채)	1	〃 20평
4	화장실	1	〃 2평

5쪽

순번	명 칭	수량	비 고
1	냉장고	1	300ℓ
2	TV	2	칼라 1대 흑백 1대
3	앰프	1	
4	밥상	2	大1 小1
5	솥	3	大2 小1
6	추라이	200	
7	장독	12	
8	시계	1	
9	전화기	2	
10	불기	10	
11	시루	20	
12	주전자	3	
13	이불	6조	
14	전기밥솥	1	
15	탈수기	1	
16	까스렌지	1조	

19. 인수인계서(1991년 2월 13일)

표지]

인계인수서

　　(牧牛庵)

　　　　1991.2.13.

본적 경북 경산시 질양면 당곡리 285

경남 양산군 하북면 지산리 583

배정원

세대주 김태호　　　　　인계자　金澤軫(慧南)

　　　　　　　　　　　인수자　裵貞源(圓悟)

　　　　　　　　　　　입회인　鄭羽弸(禪果)

1쪽]

목우암 성보 관계

순번	명 칭	수량	비 고
1	아미타불	1	목불　높이 6자
2	대세지보살	1	목불　높이 6자
3	관세음보살	1	목불　높이 6자
4	석가모니불	1	목불　높이 3자
5	나한상	18	목조　높 2자~2.5자
6	후불탱화	2	한지 및 포(4尺-5尺)
7	산신탱화	1	〃
8	칠성탱화	1	〃
9	독성탱화	1	〃

10	신장탱화	1	〃
11	지장탱화	1	〃
12	종	1	
13	북	2	
14	부도	5	
15	석등	1	

2쪽

순번	품명	수량	비고
16	몽산화상 육도보살	1	한지(약 300년전)
17	목탁	5	
18	현판		목우암(牧牛庵)
19	촛대	14	
20	향로	7	
21	다기	7	
22	불전함	1	
23	요령	3	
24	나한전 후불탱화	1	
20	다기	1	
26	경상	1	

3쪽

목우암 재산목록

순번	지번	지적	지목	관리인	소재지	비고
1	144-1	640,800坪	林野	목우암	몽탄면 달산리	
2	135	30坪	〃	〃	〃	
3	120	17,000坪	〃	〃	〃	
4	121	101,300坪	〃	〃	〃	
5	954	326坪	田	〃	〃	
6	960	106坪	〃	〃	〃	
7	952	615坪	〃	〃	〃	

8	950	189坪	〃	〃	〃	
9	955-1	141坪	〃	〃	〃	
10	955	162坪	〃	〃	〃	
11	948	110坪	〃	〃	〃	
12	957	220坪	〃	〃	〃	
13	958	150坪	〃	〃	〃	
14	959	206坪	〃	〃	〃	
15	946	2,084坪	〃	〃	〃	

4쪽

목우암 건물 현황

순번	명 칭	수량	비 고
1	법당(인법당)	1	건평 36평
2	축성각(나한전)	1	〃 8평
3	해탈문(요사채)	1	〃 20평
4	화장실	1	〃 2평

5쪽

순번	명칭	수량	비고
1	냉장고	1	300ℓ
2	TV	2	칼라 1대 흑백 1대
3	앰프	1	
4	밥상	2	大1 小1
5	솥	3	大2 小1
6	추라이	200	
7	장독	12	
8	시계	1	
9	전화기	2	
10	불기	10	
11	시루	20	
12	주전자	3	

13	이불	6조	
14	전기밥솥	1	
15	탈수기(세탁기)	1	
16	까스렌지	1조	

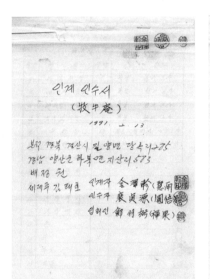

표지   1쪽

20. 인수인계서(1994년 6월 14일)

표지]

인계인수서

  1994.6.14.

    牧牛庵

내지]

인계인수서

    牧牛庵

  1994.6.14.

인계자   이영섭(범혜)   인계자 裵貞源(圓悟)

인수자   김춘희(曉星)   인수자 李榮燮(梵慧)

입회인   육일수(종범)

  1쪽]

목우암 성보 관계

	명 칭	수량	비 고	
1	아미타불	1	지불	높이 6자
2	대세지보살	1	목불	〃　　〃
3	관세음보살	1	목불	높이 6자
4	석가모니불	1	목불	높이 3자

5	나한상	18	목조 높 2자-2.5자
6	후불탱화	2	한지 및 포(4-5尺)
7	산신탱화	1	〃
8	칠성탱화	1	〃
9	독성탱화	1	〃
10	신장탱화	1	〃
11	지장탱화	1	〃
12	종	1	
13	북	2	
14	부도	5	
15	석등	1	

2쪽

순번	품명	수량	비고
16	목탁	5	
17	현판		목우암(牧牛庵)
18	촛대	14	
19	향로	7	
20	다기	7	
21	불전함	1	
22	요령	3	
23	나한전 후불탱화	1	
24	다기	1	
20	경상	1	
26	몽산화상 육도보살		

3쪽

목우암 건물 현황

순번	명칭	수량	비고
1	법당(인법당)	1	
2	축성각(나한전)		
3	해탈문(요사채)		
4	화장실		

4쪽

순번	명칭	수량	비고
1	냉장고	1	
2	TV		
3	앰프		
4	밥상		
5	솥		
6	추라이		
7	장독		
8	시계		
9	전화기		
10	불기		
11	시루		
12	주전자		
13	이불		
14	전기밥솥		
15	탈수기(세탁기)		
16	까스렌지		

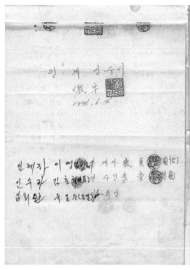

표지　　　　　　　　　　　　　내지

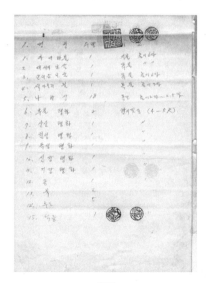
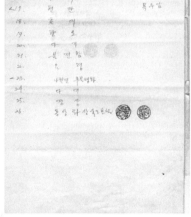

1쪽　　　　　　　　　　　　　2쪽

21. 95년도 보고서(1995년 6월 30일)

표지]

95년도 보고서
나한·금강신장 화장실·도로포장·울타리 공사 내역

대한불교조계종 목우암
재산관리인 석가산

1쪽

년월일	명칭	재료	거리[24]	인부	비용	비고
95.5.30	울타리	대나무	500m	20명	1,600,000원	

상기와 같이 보고합니다
불기 2539.6.30.
대한불교조계종 목우암
재산관리인   석가산

---

24 길이의 誤記이다.

보고서
목우암의 금강신장 및 나한 조성 내역

번호	명칭	수량	재료	크기	소장경위	비용	제작년월일	비고
1	금강신장	2점	은행나무	4좌[25]	단월동참	10,000,000원	95.12.5	
2	나한	2점	은행나무	2좌반 2좌	단월동참	8,000,000원	95.12.5	

상기와 같이 보고합니다

불기 25 . 7. 8.

대한불교조계종 목우암

재산관리인   석가산

보고서
목우암의 도로포장 공사 내역

도로포장 기공식	길이	넓비[26]	공사비용	군비	완공식	비고
95.6.26	2km	4m	사천육백이십이만구천원정 46,229,000원정		95.9.23	

상기와 같이 보고합니다

불기 25. 6. 30.

대한불교조계종 목우암

재산관리인   석가산

---

25 좌는 자의 誤記이다.
26 넓비의 넓이의 誤記이다.

보고서
목우암의 화장실 신축 공사 내역

신축 년월일	재료	평수	지붕	공사비용		총액	완공 년월일
				군비	차관		
95. 7.25	붉은 벽돌	5평 5홉	스라브의 기와	오백만원 5,000,000원	삼백오십만원 3,500,000	팔백오십만원정 8,500,000원정	95.9.20

상기와 같이 화장실 신축 공사 내역서를 보고합니다

불기 25 . 6. 30.

대한불교조계종 목우암

재산관리인   석가산

95년도   보 고 서

나한·금강신장 화장실·흐르로장·울 타리공사 내역

대한불교 조계종 목 우 암

재산관리인   석 가 산

년월일	명 칭	재 료	기리	인부	비 용	비 고
95.5.30	울타리	대나무	500m	20명	1.600.000원	

상기와 같이 보고 합니다

불기 2539. 6 - 30

대한불교조계종 목우암

재산관리인   석 가 산 [印]

보 고 서
목우암의 금강신장 잊 나한 조성 내역

번호	명칭	수량	재 료	크기	소장경위	비 용	절잠일년	비 고
1	금강신장	2점	은행나무	4좌	단원동참	10,000,000원	95.12.5	
2	나 한	2점	은행나무	2좌반 2좌	단원동참	8,000,000 원	95.12.5	

상기와 같이 보고 합니다

불기 26 . 7. 8

대한불교 조계종 목 우 암

재산관리인   석 가 산 [印]

보 고 서

목우암의 도로 포장공사 내역

도로포장기공식 95.6.26	길 이	넓 비	공사 비용	순 비	완 공 식	
	2Km	4m	사천육백이십이만구천원정 46.229.000원정		95.9.23	

상기와 같이 보고 합니다

불기 25   6. 30

대한 불교 조계종 목우암

재산 관리인   석   가 산

보 고 서

목우암의 화장실 신축공사 내역

신축년월일	재 료	평 수	지 붕	공사 비용		총 액	완공년월일
				순 비	차 관		
95. 7. 25	붉은 벽돌	5평 5홉	스라브위 기와	오백만원 5.000.000원	삼백오십만원정 3.500.000원	팔백오십만원정 8.500.000원정	95. 9. 20.

상기와 같이 화장실 신축공사 내역서는 보고 합니다

불기 25   6. 30

대한 불교 조계종 목우암

재산 관리인   석   가 산

21. 해탈문(편액, 연대 미상)

解脫門
沃丁謹書

해탈문
옥정 삼가 씀.

22. 주련(연대 미상)

周天人也壽

하늘을 돌면서 사람의 수명을 관장하도다.

주련. 현대

23. 구舊 극락보전 주련(연대 미상)

靈通廣大慧鑑明　영통광대혜감명
住在空中映無方　주재공중영만방
羅列碧天臨刹土　나열벽천임찰토
周天人世壽算長　주천인세수산장
　李氏孝甲 南岡

신통하고 광대한 지혜는 거울같이 밝아서
공중에 계시면서 모든 곳을 비추시네
푸른 하늘에 늘어서서 이 세상에 내려와
하늘을 돌면서 인간의 수명을 늘려 주시네.
　이효갑 남강

靈通廣大慧鑒明

住在空中映無方

羅列碧天臨刹土

周天人世壽算長

李氏孝甲   南岡

주련(舊 극락보전)

24. 축성전 주련(연대 미상)

爲度衆生現世間　위도중생현세간
巍巍德相月輪滿　외외덕상월륜만
於三界中作導師　어삼계중작도사
威光遍照十方中　위광편조시방중
月印千江一切同　월인천강일체동

중생들을 제도하기 위하여 세간에 나타나시네.
우뚝하게 높고 덕스러운 모습 보름달 같으신데
삼계에서 중생을 인도하는 스승 되셨네.
위엄있는 광명을 시방세계에 골고루 비추시니
일천 강물에 찍힌 달그림자 모두 똑같네.

축성전 주련

25. 법천사 목우암 전기불사 시주자 명단(현판, 연대 미상)

목포시 용당동 신경일
목포시 중동 정굉용
목포시 복만동 이태훈
목포시 죽동 양태훈
목포시 중앙동 박영환
목포시 죽동 이병로
목포시 산정동 최영두
목포시 유달동 유영환
목포시 남교동 최대규
목포시 중앙동 이원산
목포시 수강동 부형천
목포시 영해동 김양님
목포시 죽동 최면수
목포시 죽동 이전중
목포시 산정동 최광일
목포시 삼학동 김금남
목포시 영해동 정영복
목포시 영해동 박선덕행
목포시 용당동 김재섭
목포시 무안동 서병열
목포시 영해동 고순재
무안읍 호남전업사 박석동
무안군 청계면 박춘배

목포시 동명동 김동익, 김창호
목포시 창평동 김경옥
목포시 영해동 백영주
광주시 동구 계림동 고재봉
목포시 금수장 박재준, 박태형
목포시 용당동 정명선, 정연호,정윤경
목포시 무안동 이금중, 이변태, 이병환, 이상옥
목포시 대안동 15 임광행
서울시 강남구 압구정동 임건우 임현정
순천시 보해산업 임성우
목포시 대안동 인현우, 임찬석
서울 강남구 서초동 정충수, 정희연
순천시 매곡동 박성복, 박준형
스웨덴 읍살라시 박성진, 임진영

반야회원 일동
대원화 덕성화 청정행
연지행 여래삼 지월심
김원혜 서정순 금륜행
법현심 선재화 반야성
법율행
목포시 산해클럽 회원 일동
일로읍 양지촌 고만석
목포시 무안동 김영란
목포시 대의동 김동수

일로읍 양지촌 나상천
장흥읍 건산리 임태우
충북 청주시 내덕동 채준석
충남 대덕군 기성면 흑석리 혼순학
서울시 동대문구 제기2동 김정현
서울시 동작구 상도 7동 장명섭
서울시 종로구 충신동 양재훈
서울시 마포구 중동 서동훈
서울시 성동구 응봉동 원갑용
서울시 종로구 익선동 김옥환
무안동 고려정 박동현
중앙동 2가 8의 5 손상갑
일로읍 양지촌 조병양
목포시 용해동 김영선
해남읍 남익리 김영규
목포시연동 1053번지 이천두
서울시 성동구 서한용

법천사 목우암 전기불사
　시주자 명단

참고1. 1920년 2월 목포포교당 독성도 조성
(목포 반야사 소장)

①

大正九年庚申[27]二月日

務安郡朴谷面僧達

山牧牛庵佛事中

獨聖幀造成仍以奉

安于木浦府布教堂[28]

證明比丘　雪醐

誦呪比丘　龍善

持殿比丘　得煥

金魚比丘　瑋榮[29]

供司　　　宥信[30]

■■■■■■

■■■■■■

住持比丘　枕峰

　　施主

支那奉天居住

乾命己卯生[31]鄭晒朝

27　大正九年庚申 : 1920年.

28　木浦府布教堂 : 목포시 죽교동 193. 반야사.

29　瑋榮 : 石蕉瑋榮(石蕉, 應坡). 畫僧. 활동기간 1900~1939.

30　宥信 : 佛畫所 소속으로 1920 목포포교당(공사), 1921 나주 다보사(공사).

31　己卯生 : 1879年生. 당시 32세.

坤命关未生³²金石野
子　关卯生³³寅洪

① 대정 9년 경신 2월 일
무안군 박곡면 승달산 목우암 불사 중에 독성탱화를 조성하여 목포부
포교당에 봉안하였습니다.

증명: 비구 설호
송주: 비구 용선
지전: 비구 득환
금어: 비구 봉영
공사: 유신
주지: 비구 침봉

시주: 중국 봉천 거주
건명 기묘생 정병조
곤명 계미생 김석야
아들 계묘생 정인홍

32　关未生 : 1883年生. 당시 28세.
33　关卯生 : 1903年生. 당시 8세.

참고2. 도난문화재(목조나한상)

참고문헌

▌문헌자료

김성규, 『초정집』, 성취원, 1937.

『東國輿地誌』 卷5 務安縣

『務安郡誌』, 1922.

목우암 극락보전 신중도(1922년)

목우암 나무아미타불 석각명문(1926년)

목우암 목조아미타여래좌상 바닥 묵서(1614년)

목우암 목조아미타여래좌상 발견 조성발원문(1666년)

목우암 비품대장과 재산대장

목우암 석등 명문(1681년)

목우암 조왕도 묵서(1990년)

목우암 축성전 후불도 화기(1990년)

목우암 칠성도, 산신도, 독성도 화기(1988년)

목우암 후불도, 지장시왕도 화기(1972년)

목우암 전기불사 시주자 명단(현판)

목우암 중수기(현판, 1970년)

務安郡僧達山牧牛菴上七星閣募緣文(1903년)

閔泳采, 二老面僧達山牧牛菴(懸板, 1903)

比丘尼豁然功德記念碑(1977년)

『사찰고』 전라남도 무안부 법천사(국립중앙박물관 소장)

『新增東國輿地勝覽』 卷36 務安縣

『輿地圖書』 下 全羅道 務安縣

牛菴題襟集(1903년)

祝聖閣記(1904년)

■도록

『한국의 사찰문화재』, 문화재청·대한불교조계종 문화유산발굴조사단, 2002~2012
　　　(강원도(2002), 전라북도·제주도(2003), 충청남도·대전광역시(2004), 충청북도(2006),
　　　광주광역시·전라남도(2006), 대구광역시·경상북도(2008~2009), 부산광역시·울
　　　산광역시·경상남도(2009~ 2011), 인천광역시·경기도(2012)).

■단행본

김성규 저 / 김철진·김익진편, 『초정집』, 성취원, 1937(국립중앙도서관 古
　　　3648-10-192)
김성규 저 / 김형만 역주, 『국역 초정집』, 목포문화원, 2016-2017.
송은석, 『조선후기 불교조각사』, 사회평론, 2012.
안귀숙·최선일, 『朝鮮後期僧匠人名辭典-佛敎繪畵』, 養士齋, 2008.
이희정, 『조선후기 경상도지역 불교조각 연구』, 세종출판사, 2013.
최선일, 『朝鮮後期僧匠人名辭典-佛敎彫塑』, 양사재, 2007.
＿＿＿, 『조선후기 조각승과 불상 연구』, 경인문화사, 2011.
＿＿＿, 『조선후기 불교조각 발원문 선집』 I-Ⅲ, 양사재, 2018.

■논문

송은석, 「조선후기 17세기 조각승 희장과 희장파의 造像」, 『泰東古典硏究』 22,
　　　한림대학교 태동고전연구소, 2006.
＿＿＿, 「무염파 출신 조각승 도우와 희장파의 합동작업」, 『미술사와 시각문화』
　　　7, 미술사와 시각문화학회, 2008.
＿＿＿, 「양산 통도사의 熙藏風 불상」, 『불교미술사학』 6, 통도사성보박물관 불
　　　교미술사학회, 2008.
이희정, 「부산 범어사 대웅전 목조석가여래삼존불좌상과 희장의 조상」, 『문물연
　　　구』 12, 동아시아문물연구학술재단, 2007.
최선일, 「조선후기 조각승과 불상 양식의 변천」, 『미술사학연구』 261, 한국미술

사학회, 2009.3.

최인선, 「진도 쌍계사 대웅전 삼존불상과 조각승 熙藏」, 『문화사학』 44, 한국문
　　　화사학회, 2015.12.

▌사이트

국립중앙도서관 www.nl.go.kr – 조선총독부 관보

▣ 편자
　·최선일　　사)동북아불교미술연구소 소장
　·고경 스님　송광사 성보박물관 관장
　·김정원　　재)불교문화유산연구소 연구원

▣ 역자
　·도해 스님　여수 달마사 주지

문헌 속 무안 목우암

초판 인쇄　2025년 2월 20일
초판 발행　2025년 2월 25일

대표편자　최선일

펴낸곳　도서출판 온샘
등　록　2016년 8월 17일　제2018-000042호
주　소　서울시 용산구 한강대로 62다길 30, 트라이곤 204호
전　화　02-6338-1608
팩　스　02-6455-1601
이메일　book1608@naver.com

ISBN 979-11-92062-47-1　93220
값　25,000원

※ 본서는 경기도 무형유산 목조각장 한봉석 작가님의 후원으로 간행되었다.